浙江理工大学学术著作出版资金资助（2024年度）

融通中西·翻译研究论丛

法律英语翻译研究

理论与实践

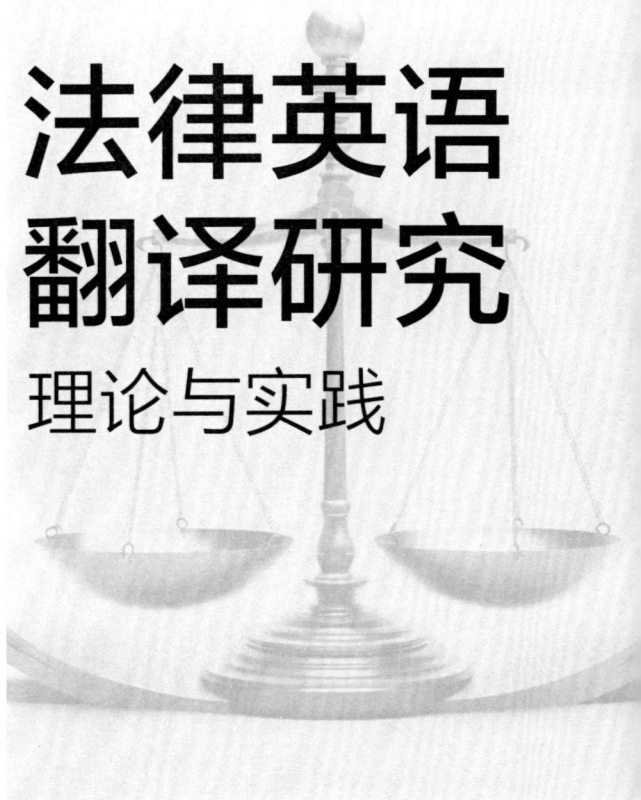

LEGAL
ENGLISH
TRANSLATION STUDIES
THEORY AND PRACTICE

朱佳 著

ZHEJIANG UNIVERSITY PRESS
浙江大学出版社
·杭州·

图书在版编目（CIP）数据

法律英语翻译研究：理论与实践 / 朱佳著.

杭州：浙江大学出版社，2025.6. -- ISBN 978-7-308
-26211-8

Ⅰ. D9

中国国家版本馆CIP数据核字第2025FP3500号

法律英语翻译研究：理论与实践

朱　佳　著

策划编辑	包灵灵
责任编辑	田　慧
责任校对	仝　林
封面设计	林智广告
出版发行	浙江大学出版社
	（杭州市天目山路148号　邮政编码310007）
	（网址：http://www.zjupress.com）
排　　版	杭州林智广告有限公司
印　　刷	杭州钱江彩色印务有限公司
开　　本	710mm×1000mm　1/16
印　　张	13.25
字　　数	203千
版 印 次	2025年6月第1版　2025年6月第1次印刷
书　　号	ISBN 978-7-308-26211-8
定　　价	78.00元

法律英语是专门用途英语（English for Special Purposes，ESP）中一个重要分支，在社会中扮演着越来越重要的角色，对其的研究也越来越必要。

《教育部　中央政法委员会关于实施卓越法律人才教育培养计划的若干意见》（教高〔2011〕10号）提出，把培养涉外法律人才作为培养应用型、复合型法律职业人才的突破口。[①] 2017年，司法部、外交部、商务部、国务院法制办公室联合印发了《关于发展涉外法律服务业的意见》（以下简称《意见》）。[②] 作为行业的国家顶层设计，《意见》彰显了涉外法律服务在法治建设和对外交往中的地位。在此背景之下，一些具有前瞻性视野的学者认为，翻译职业化时代已经到来，并断言法律英语人才将在国家经济和法治建设中发挥重要作用。

基于对法律英语的兴趣，笔者参加了多次法律英语类的学术研讨会和培训，如法律、翻译与文化国际研讨会（International Conference on Law, Translation and Culture）和中国法律英语教学与测试研讨会，逐渐提高了对法律英语的认知水平。同时，笔者也是一名兼职律师，有机会接触各类涉外刑

---

① 中华人民共和国教育部，中国共产党中央政法委员会．教育部　中央政法委员会关于实施卓越法律人才教育培养计划的若干意见 [EB/OL]. (2011-12-23)[2024-07-01]. http://www.moe.gov.cn/srcsite/A08/moe_739/s6550/201112/t20111223_168354.html.

② 中华人民共和国司法部．关于发展涉外法律服务业的意见 [EB/OL]. (2017-01-09)[2024-07-01]. https://www.gov.cn/xinwen/2017-01-09/content_5158080.htm.

事、民事以及商事案件。在案件办理过程中，笔者真切感受到了这类文本的语言特色，也意识到法律英语在律师业务中的重要性，以及未来广阔的应用空间和巨大的市场需求。另外，自浙江理工大学外国语学院 MTI 翻译硕士学位点设立以来，笔者就参与了"法律翻译"课程的教学工作。经过多年教学实践，该门课程在 MTI 学生中享有优秀口碑，学生的翻译练习和师生互动也令笔者受到很大启发。本质上，在设有翻译专业的院校开设法律翻译课程与当前我国不断强调企业合规、加深国际合作和参与国际竞争的大背景相契合，也是培养新世纪高素质的"法律+英语"复合型人才的有益尝试。

在若干年的法律翻译实践中，笔者积累了一定的经验，并且认为很有必要用文字形式将它们记录下来，这便是编撰本书的初衷。本书分"理论篇"和"实践篇"两篇。"理论篇"中引入了动态和微观的视角，分别探讨了法律文本的所有格、形容词、数词以及加和类连接的翻译、国际公法公约翻译、《中华人民共和国民法典》对法律翻译的借鉴意义等。"实践篇"则是笔者对以往参与的翻译任务的总结，以练说译。

总体而言，本书以一种全新的视角撰写，旨在为法律英语专业的师生提供一种教学和学习的新思路，同时也希望对热爱法律英语的人士有所帮助。由于时间紧迫和个人学术视野的局限，书中内容和观点恐有片面之嫌或考虑不周之处，欢迎各位批评指正。

朱　佳

于杭州钱塘区

2024 年 7 月 1 日

PART 1
理论篇

LEGAL ENGLISH
TRANSLATION STUDIES
THEORY AND PRACTICE

理论篇针对法律英语中具有代表性的语言现象展开分析，包括法律英语文本中词汇和结构的使用和翻译等。本篇还涉及对国际公约相关条文的讨论，具体论及法律英语行文和翻译中的一致性、加和类结构；此外，还分析了《中华人民共和国民法典》对于法律文本英译汉的指导价值。

第一章

第三人称所有格的应用

根据马丁·裘斯（Joos，1962）在《五只钟：五种英语使用风格的语言学考察》（*The Five Clocks：A Linguistic Excursion into the Five Styles of English Usage*）中对语言使用风格的分类，法律英语属于冻结体（frozen style），其正式程度甚至高于正式体（formal style）。法律英语是法律的载体，兼具真实性和模糊性的特点，具有权威性和约束性。法律英语虽然源于普通英语，但与普通英语存在很大的差异。法律语言准确、精确，句式和文体高度规范，表述客观，公平原则突出。其独特的语言特征引起了法律界和语言学界的广泛关注。关于法律英语的一系列研究涵盖多个方面，主要包括：词汇与短语、句法、语篇分析（隐喻、文体特征）、语义解释、修辞、翻译理论与策略（可译性与不可译性、解释等）、文化比较、教学（方法论、课程设置、技术）。

其中，对词汇与短语方面的研究有如下几种方向。1）语境、语义研究。如金朋苏和郭彤（2009）运用功能语言学语境理论，对连词"and"和"or"进行语境和语义分析。2）修饰语研究。如秦平新（2011）用语料库的研究方法，对法律英语中形容词和副词等修饰语的语义性质展开了研究。他试图借助汉英平行法律语料库，廓清法律英语增强语的基本概念、语义属性和词语搭配序列，为法律英语教学和翻译实践提供有益的参考。3）名词化研究。以杜广才（2010）为代表的研究者认为，法律英语语篇具有典型的名词化结构特征，词汇简练而准确。

这些研究无疑为法律英语的理论和实践的发展做出了贡献。我们注意到，法律英语中的人称指称作为一个细节经常被忽视，它仅是一小部分研究者的研究方向，如郑安文（2011）在论文《法律英语的指称特点》中提及了韩礼德的衔接理论。

本章主要从人称代词在法律文本中的出现频率入手，考察人称代词的衔接功能及其语法意义。下面以汉英法律英语平行语料库为例，根据韩礼德的衔接理论，分析第三人称代词的具体运用。

一、人称代词综述

韩礼德和哈桑在《英语的衔接》（2007：35）中明确定义了"人称范畴"，它包括人称代词、所有格限定词（通常称为"所有格形容词"）和所有格代词三种。它们组成一个共同的系统，即人称系统。韩礼德和哈桑（2007：36）认为人称系统（见表1.1）中的所有项目都是指称项目，它们通过说明某个事物在话语情景中的功能或作用，和该事物形成指称关系。人称系统中的"人称"具有"角色"的特别意义，一般包括第一人称、第二人称和第三人称。传统的三种人称（第一、第二和第三人称）根据其在交际过程中所扮演的角色，被划分为两种语义角色：话语角色（由交流过程中的角色所界定的人称）和其他角色（所有其他的实体）。其中，话语角色包括"讲话者"和"受话者"，两者作为某种过程的参与者进入话语结构；而第三人称则作为某种实体的占有者进入话语结构，属于其他角色，如his和her被纳入后一组，即其他角色，其他角色还包括交际过程中其他可能涉及的相关实体。

表 1.1　人称系统（韩礼德、哈桑，2007：36）

人数	话语角色		其他角色			
	讲话者	受话者	特指		泛指人
			人	非人	
一个人	I　　　me mine　　my	you　　you yours　your	he　　him his　　his she　　her hers　her	it　　it [its]　its	one　　one –one's
多于一个人	we　　us ours　our		they　them theirs　their	

此外，韩礼德和哈桑还对话语角色（第一人称、第二人称）和其他角色（第三人称）进行了深度区分，认为："只有第三人称才具有固有的衔接作用，

表现在第三人称形式通常回指语篇前部分的某个项目。而第一和第二人称形式根本就不涉及语篇，他们的指称由讲话者和听话者的话语角色所确定，所以他们常常通过外指，即设计情景来表达。"（韩礼德，哈桑，2007：39）该结论虽然是针对通用英语的，但涉及法律英语时，同样具有启发意义。

有别于普通英语，法律英语因其严谨性而不频繁使用人称代词。如果在法律英语中出现了人称代词，那么第三人称代词一定占据了其中最大的比例。在文本中，表示人的"其他角色"需要显示出男性和女性的区别。当文本前一部分中的实体涉及性别区分时，其必须与英语语法中的两个所有格限定词（his或her）相对应。因此，在法律英语文本中，当前文中性别明确时，第三人称代词必须使用"his"或"her"；如果前文中性别不明或未定，则"his""her"并列出现。在具体文本中，性别不明或未定时的人称选择主要表现为三种文字形式：his or her、his / her、his (her)。考虑到所指涉主体的各种可能，第一种形式还可能存在其他变体，如"his, her, or its"和"his, her, or their"。第二种形式也还有另一种替代形式："his / her / its"。一般情况下，人称指称的衔接方式共有三种：用衔接词"or"；用斜杠"/"；用一对圆括号，把一个性别（通常是女性）列在另一种性别后面。

二、衔接词 or 的语义

首先，两个或两个以上具有同等语法地位的语言单位，使用衔接词和标点符号进行衔接，这种并列结构容易引起读者的关注。无论在英语还是汉语文本中，并列结构所表达的基本逻辑关系都不外乎"合取"和"析取"两大类别。合取表示两种或者多种事物或情况同时存在，析取表示在两种或者多种事物、情况中选择其一；具有合取或者析取关系的均可以是人、事物、属性、动作行为等。英语中表达合取逻辑关系的词语主要为and，汉语中主要为"和"等；英语中表达析取逻辑关系的词语主要为or，汉语中主要为"或者"等。这两种逻辑关系所连接的语言单位均可以是词、短语或者句子。有学者曾引用夸克等的论述，明确指出，"现代英语析取连词主要就是一个or"（吴静，石毓智，2005：55）。or的使用条件跟and一致，只要求所连接的语言单位在语法上是平行的，而没有词性方面的限制，可以连接词、词组、句子等各级语言单位。追溯其起源，英语中的or来源于other（即or为other的弱化形式），在古英语中用于引进另外一个选择项（Hoad，1996：948）。

三、人称衔接中斜杠"/"和圆括号的语义

英语重形合，汉语重意合。王克友在《法律文本翻译中的英汉标点差异》中指出，英汉两种语言形合与意合的相关差异不仅表现在词的特征、句子衔接和语篇结构的差异上，也表现在标点使用的差异上。英语标点符号的使用具有形合特征。英语标点符号的使用在建立英语语言的句法结构和语义关系方面起着作用。标点符号的出现、缺失及变异，最终决定了语法关系和语义角色的变化（2005：82-83）。

在功能上，标点符号不再传递新的信息，只是在话语结构上做标记，并通过停顿表现说话人的意图，实现其元语篇功能（段瑞云，2009：103）。标点的基本功能是辅助文字表情达意，用来表示停顿、语气、语言单位的性质和作用及其相互关系（林穗芳，2000：37）。在交际过程中，恰当的标点符号在一定程度上可以再现语言的基本语调模式。标点符号的使用，有助于接收方捕捉和解码信息，从而理解信息的语法逻辑、结构和话语意义。

海兰和谢（Hyland & Tse，2004）曾开展对英语标点的研究，其中包括对括号"（ ）"和斜杠"/"的研究。根据其理论，元话语分为交际类元话语和互动类元话语。斜杠属于表示转换的交际类标点元话语（段瑞云，2009：104）。许鸣（2001）指出，标点符号在分割功能和指明功能之外，还有第三个功能——替代功能，即用英语标点符号来替代英语词语；他通过举例，说明在某些场景下斜杠可以被看作英文"or"的替代，二者在语义上是等价的，都是对可供选择的项目的展示。括号则是表示解释的交际类标点元话语（段瑞云，2009：104）。与斜杠相比，括号在衔接方面的作用目前还没有得到研究者的关注。

标点符号的语用功能体现在词与语篇的结合上，因此，标点与词语是结合在一起的：标点与词语是语言的准确记录，二者都是语言不可缺少的组成部分。只有把这两部分结合起来，它们才能在特定的文本中阐明意义。基于此，标点的语用功能亦不容忽视。因此，"文字中心主义"现在被强烈反对，标点

符号在语言记录过程中的地位得到重视。

综上所述，or和标点符号（斜杠"/"、圆括号）都是人称指称的衔接形式。斜杠"/"有替代功能，圆括号有解释或选择功能。在实践中，or和标点符号（斜杠"/"、圆括号）等衔接形式都可以在现实的法律英语文本中找到。

四、人称指称衔接在法律文本中的应用

笔者统计了人称指称衔接在美国法典、英国法律和中国法律（英文版）文本中的表现形式以及使用频率（见表1.2），用以分析人称指称衔接在英语法律文本中的具体应用。人称指称的衔接主要分为三组。其中，组1又分为a、b、c、d、e共5种变体；组3也存在a、b这2种变体。表1.2中，中国法律（英文版）的数据来自中国法律法规汉英平行语料库（A Parallel Corpus of China's Legal Documents，PCCLD），由绍兴文理学院建立并提供支持。美国法律和英国法律的数据分别来自Westlaw（一个主流的法律信息提供者）中的子语料库United States Code（美国法典，简称USC）和United Kingdom Law in Force（英国现行法律，简称UK-LIF）。表1.2中每一行中的数字表示包含研究对象的文档数量。

表1.2 英语法律文本中人称指称衔接使用频率统计

序号		变体	中国法律（英文版）	《美国法典》(USC)	英国现行法律（UK-LIF）
组1	a	his or her	109	1200	3568
	b	his, her, or its	0	6	13
	c	his, her, or their	0	1	44
	d	his, her, its or their	0	0	2
	e	his, her or its or their	0	0	1
组2		his / her	32	31	67
组3	a	his (her)	2	1	0
	b	his (or her)	0	0	0

注：数据截至2012年11月13日。

从表1.2可以看出，在中国法律文本中，组1（以or连接）在第三人称指称的表述中占了最大份额；美国和英国的法律文本对第三人称衔接形式的使用有着不同的偏好。通过对英语母语国家法律文本的词汇特征的分析，以及国

内外法律文本的比较，我们可以得出以下结论：

首先，通过横向比较发现，组1在中国法律（英文版）和美国及英国这两个英语母语国家的法律文本中均占主导地位。英国现行法律文本中组1的变体最多，总共有5种之多，虽然后几种只占很小的比例，但在一定程度上，变体的多样性体现了立法者更加严谨的法律逻辑。其次，英国和美国法律文本中组2（斜杠）的使用占据了相当的比例；但美国和英国法律文本中组3（圆括号）的使用则较为少见或未见使用。最后，中国法律文本（英文版）中以组1最为常见，组2和组3也有少量存在，且中国法律文本中组1、组2和组3都仅见一种表现形式。

五、结 语

本章对法律英语文本中的第三人称所有格的形式进行了研究。从连词or和两种标点符号[斜杠和圆括号，即his / her和his (her)]的应用入手，本章比较了中西法律文本中人称指称衔接形式的应用，得出如下结论：从人称使用衔接形式的频次看，组1（含连词or）出现次数最多，其次为组2，组3在中国和美国的法律文本中出现得较少，而在英国法律文本中并未出现。

以上案例研究表明，当法律文本中需要指涉第三人称，且该人称性别不详或不明时，多会出现"男性"或"女性"的并列结构，表示"析取"的逻辑关系；且两种不同性别的第三人称一般通过or连接。相较而言，通过标点符号（斜杠或圆括号）连接的情况较少，其中，使用斜杠比使用圆括号的情况更多，尽管它们的语法和语义功能是相同的。

本章的讨论对于法律类文本的编撰者以及译者有一定的指导意义。首先，本章通过对比发现，文本编撰者或者译者应该意识到第三人称指称的应用在法律类文本中较为常见；其次，因为文本中的第三人称存在性别的区分，故设计第三人称所有格相关的文本条款时务必措辞准确，包括对人称性别以及对人称所有格性别的衔接方式的考虑。

第二章

形容词的搭配及其模糊性特征：
基于语料库的 reasonable 一词的个案研究①

"法律英语指普通法国家以普通英语为基础，在立法和司法全过程中逐渐形成的，具有规约性的民族语言的社团分支。"（秦平新，2011：153）随着中国频繁参与国际事务，法律英语已受到学术界以及实务界人士的关注。法律英语文本具有高度的专业化特征，这主要表现在词法和句法两个层面。词法主要研究词的形态变化及其在句中的作用（廖学全，2002：114）。中国知网中自 2010 年到 2015 年 7 月初发表的有关法律英语词汇特点的论文有近 150篇，主要涉及名词、动词、形容词和副词四大类词性。其中，与动词相关的论文主要涉及情态动词、动词名词化、动宾搭配、非谓语动词等，且以情态动词研究为主（占近 75%）。与名词相关的论文则主要探讨法律英语中名词化的特征。极少几篇探讨副词的论文则涉及增强语的语义属性及词语搭配。探讨形容词的论文仅有 1 篇，是基于语料库的分析，研究了海事公约中一系列高频形容词的翻译，以及形容词名词化的现象。由此可见，在法律英语研究领域，名词化、情态动词等是词汇层面讨论的焦点，对其余几类词性（如形容词、副词等）的研究在法律英语相关的论文中仅占很小的比例，但这并不意味着法律英语文本中这几类词不重要。

本章试图依托 Westlaw 语料库中的子语料库美国法典（USC），以高频形容词 reasonable 为例，在词法层面研究该词在美国法律文本中的使用情况，探讨这一形容词在法律英语中特有的语义作用。

---

① 本章内容原载于《浙江理工大学学报（自然科学版）》2015 年第 34 卷第 6 期，原标题为《法律英语中形容词搭配及其模糊性探讨——基于 USC 语料库的 reasonable 个案研究》，由笔者独立撰写，收入本书时略有改动。

一、法律英语中有关形容词的模糊性的研究

法律英语中形容词的使用较其他词类更少。廖学全（2002：114）认为，出现这一现象的根本原因是法律英语强调准确性而并非语言的华丽，而英语中大部分形容词不能实现法律英语表达的准确性。英语中的形容词可分为以下几类：（1）表示强化；（2）表示限制；（3）能自我衡量；（4）能客观衡量；（5）表示年龄；（6）表示颜色；（7）从名词派生出的，且表示物质；（8）从名词派生出的，且表示出处或风格。法律英语中的形容词主要对所修饰的词起限制作用，有时也起强化作用。其中表示强化的形容词属于增强语，起加重所修饰词的语意的作用。

reasonable 一词就是一个典型的法律英语增强语。该词在梅林科夫（2014）的《法律的语言》（*The Language of the Law*）中屡次被提及，其重要地位可见一斑。在讨论法律语言的准确性和模糊性特征时，该书特别列举了三个具有代表性的形容词，即 reasonable、substantial、satisfactory，称它们"嚣张地炫耀着它们的不准确"。这些形容词通常不会被纳入语言研究的视野；但在法律语言中，由于在某些特定场景下其和某些词的搭配高频出现，这些形容词"已经成为那些被描述为准确的法律语言的一部分"，从而成为法律语言中的一种固定表述。此时，"人们很容易就忘记了不准确才是它们存在的唯一理由"（梅林科夫，2014：352）。可见，对 reasonable 等形容词的研究有助于读者理解法律文本中这种"特殊"模糊性存在的意义和价值。

分析中国知网中收录的探讨法律英语模糊性和准确性的期刊论文可知，它们多遵循如下思路：将模糊性和准确性对比讨论，分析模糊性形成的主观和客观因素，列举汉英法律文本中具有模糊含义的代表性词语等。例如，林海（2005）认为，法律英语的模糊性：（1）是法律英语概括性的要求；（2）是语言本身特点的规约；（3）具有民族、文化、政治、地理等方面的差异。在特定情况下使用模糊性的语言可以使表意更加严密周全，在特定语境中增强语言表达的灵活性，适用于不宜直言的事实、情景，实现礼貌等语用功能。杨丹（2011）综合探讨了模糊性法律语言的语用功能：（1）增强语言表达的灵活性，营造融洽的交际氛围；（2）增强语言表达的概括性，补充空缺；

(3)使法律英语更加准确,以维护其正义性。这种对模糊性的探究涉及面较广,采用了全景式的研究视角,无论是在语义层面还是在语用层面,所得出的结论都无外乎模糊性与准确性这一对矛盾属性在法律英语中存在即合理。相对而言,以往的相关论文缺少针对某一核心词的深度解析,并且,在法律文体的研究中,形容词往往被一笔带过,即使有所提及,也仅限于用于论证其与准确性对立的模糊性特征。

法律英语的正式性主要体现在专业性表达的使用上。从语义的角度来看,法律英语在用词方面大量使用专业术语,主要表现为某一词语在法律英语中出现的频率要比在普通英语中高得多,这被认为符合法律英语正规、严肃的文体特征(季益广,1999:6)。增强语的使用容易导致模糊性,但这类词在法律英语中的重现率较其他形容词要高(廖学全,2002:115)。

本章的研究对象形容词 reasonable 虽然不是专业术语,却属于法律英语文本中高频出现的形容词,其在法律英语中的使用频率高于普通英语中的使用频率,而且有几个固定搭配的词语。这从一个侧面体现了法律英语正式性的文体特征,因此法律英语中的形容词具有研究价值。

二、基于语料库的分析

随着计算机技术的发展,语料库的运用在法律英语研究中的地位日渐突出,对研究者也提出了更高的要求。结合"法律英语"和"语料库"两类主题的论文多关注语料中情态动词的使用和翻译,以及对增强语、文体特征、特殊词语、英文原创合同和英译合同的语料库研究方法。其余论文则涉及语料库中形容词的翻译以及动词、形容词、名词的研究等。总体而言,相关研究涉及的语料库主要涵盖绍兴文理学院创建的中国法律法规汉英平行语料库(PCCLD)、广东外语外贸大学创建的法律信息处理系统语料库(Corpus for the Legal Information Processing System,CLIPS)、语言数据联盟(Linguistic Data Consortium,LDC)发行的香港平行文本库(Hong Kong Parallel Text)[①]

---

① 香港平行文本库由语言数据联盟于 2004 年发行,包括 590 万词的英语文本和 980 万字的汉语文本,英汉文本句级对齐。该库由三个英汉平行语料库组成:香港法律辩论语料库、香港法律语料库、香港新闻语料库。

等。"基于语料库的研究方法为我们提供了一种既有理论假设又有实证研究的新途径"（胡丹，2011：26），语料库能够帮助学者进行科学研究，启发其在法律英语领域的理论和实践探索。语料库方法提供了一个定量和定性分析的接口。语料库分析立足于语词的频次，须把定性分析和定量分析结合起来，既要依赖于词频分析的手段，也要依赖语词检索的手段（桂诗春，杨惠中，2003：60）。

本章采集的数据基于 Westlaw 语料库中的 USC 子语料库：2015 年 7 月 4 日，笔者在 USC 语料库中检索 reasonable 一词，总共获取了 6208 个含有目标词的文档，其中一些文档中目标词出现数次。按照 reasonable 一词出现频率的高低，本章选取了前 500 个文档中共计 609 个含有 reasonable 的词条，进行以下分析。

（一）含有 reasonable 的高频表达

图 2.1 罗列了取样文本中与 reasonable 搭配频率居于前十位的表达。

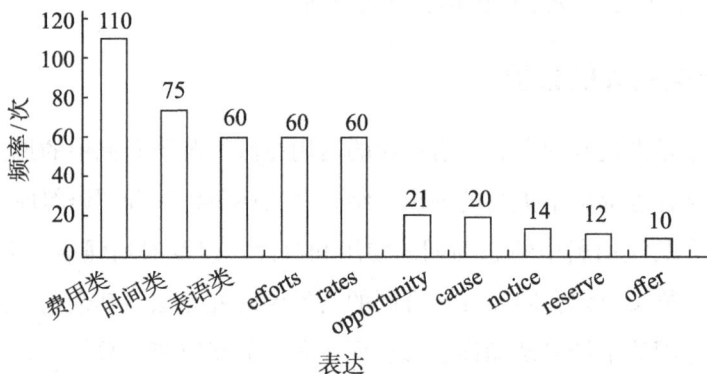

图 2.1　USC 中与 reasonable 搭配频率居于前十位的表达

由图 2.1 可见，在 USC 语料库中，与 reasonable 搭配频率位于前十位的表达可以分成四类：（1）表示费用；（2）表示时间；（3）用作表语；（4）其他。其中"费用类"包括 costs、expenses、attorney's fees、fees、prices 五个意思相近的词；"时间类"包括 time、period of time、period 三种表达方式。除去充当表语的情形，reasonable 一词在取样的法律英语文本中主要用于搭配和修饰表示"费用"和"时间"的词，但被修饰的这两类词存在多个变体。实际法律事务中，两个最为关键的要素也正是"费用"和"时间"，因此，图 2.1 的统计结果与律师事务极具商业性以及追求效率的特征契合。

除了表"费用"和"时间"的名词外，其他与 reasonable 搭配的高频名词包括 efforts、rates、opportunity、cause、notice、reserve、offer、charge、standard、diligence、steps、manner、number、assurance、terms and conditions、precautions、prospects、extensions、competition、discretion、proximity、rules and regulations、value 等，由此可看出，形容词 reasonable 在法律文本中修饰的往往是抽象名词。用一个具有模糊性的形容词去限制修饰一个抽象名词，获得的语义功能是否会产生去模糊性的效果呢？虽然在 reasonable 单独使用时，其所指极具模糊性，但其在法律文本中往往不是单独使用的。"当 reasonable 以这种或那种形式和另一个词合在一起来使用时，健全的人也会兴奋得头晕眼花。人们认为词与词的搭配使用会给词义带来变革，会使狂野无羁的词变得驯服而有目的性。"（梅林科夫，2014：353）梅林科夫曾以 reasonable doubt 为例，说它们被如此频繁地重复，"人们认定它们一定有某种确定的意义，在这种语境下，reasonable 变成准确的了"（梅林科夫，2014：353）。值得关注的是，梅林科夫两次借用一般大众（"人们"）的视角解析了法律文本中 reasonable 一词中包含的与其自身的模糊性相对的"准确性"。

（二）形容词并列

在从 USC 语料库中提取的 6208 篇文档中，多个形容词与 reasonable 并列的现象也值得关注。确切地说，本节的研究对象是由连词 and 连接 reasonable 和其他形容词而构成的并列词组，其在文本中有以下两种语法功能：（1）位于系动词之后，充当表语；（2）充当形容词，用于修饰名词。此处不再细分，而是将这两类都纳入"形容词并列"的范畴。表 2.1 列出了 USC 语料库中所有与 reasonable 并列的形容词。此类并列结构在上述 6208 篇文档中存在两种形式，即 reasonable+and+adj. 和 adj.+and+reasonable，二者数量差不多（分别是 510 例和 560 例），因此不难得出结论：reasonable 一词在形容词并列结构中的位置较为灵活，即可能出现在连词 and 之前或者之后，但其在某些词组中则有比较固定的位置（见表 2.2）。

表 2.1　USC 中和 reasonable 并列的形容词统计

序号	与 reasonable 构成并列结构的形容词	频次
1	necessary	180
2	fair	143
3	just	66
4	appropriate	54
5	actual	32
6	practical	22
7	prudent	21
8	nondiscriminatory	18
9	adequate	115
10	equitable	14
11	proper	11
12	customary; diligent	7
13	timely	6
14	available	5
15	consistent; entire; foreseeable; good faith; lawful; ordinary	4
16	*bona fide*; competitive; existing; immediate; limited; prompt; substantial; usual; uniform	3
17	acceptable; affordable; comparable; convenient; demonstrable; direct; equal; economical; identifiable; orderly; proportional; realistic; representative; simple	2
18	accurate; adjusted; allocable; allowable; articulable; authorized; best; confidential; cooperative; cost-effective; efficient; eligible; enforceable; essential; established; inadvertent; legal; meaningful; natural; objective; practicable; predictable; probative; proportionate; recoverable; remunerative; responsible; satisfactory; scientifically; sound; specific; specified; sufficient; suitable; regular; typical; understandable; usable	1

表 2.2　reasonable 在形容词并列结构中的位置统计

词组	频次	词组	频次
fair and reasonable	138	reasonable and fair	5
just and reasonable	61	reasonable and just	5
necessary and reasonable	49	reasonable and necessary	131
actual and reasonable	31	reasonable and actual	1
immediate and reasonable	3	reasonable and immediate	0
practical and reasonable	1	reasonable and practical	21

词组	频次	词组	频次
prudent and reasonable	1	reasonable and prudent	20
nondiscriminatory and reasonable	1	reasonable and nondiscriminatory	17

从表2.2可见，与reasonable并列出现的高频形容词necessary、fair、just、appropriate、actual、practical、prudent、adequate、nondiscriminatory、equitable、proper等均为reasonable的近义或相关词。这些形容词与reasonable构成的并列词组体现了同义重复的逻辑关系。这些表述出现在具体法律条文中，必须既有达意性，又具备概括性和广泛的适用性。孤立地看，上述并列结构中的两个形容词均具有模糊性，而两者结合使用，能适当地丰富所修饰的名词的内涵，方便读者对法条的理解，在一定程度上满足法律文本概括性和普遍适用性的要求。法官、当事人以及各自的代理人等对同一法条尤其是其中起关键作用的限定性、增强性形容词的理解，可能有所不同。使用形容词并列结构，能够适度减少理解的分歧，在此基础上，再结合国际惯例以及当时的情形等因素，对该法条加以综合考虑，有助于得出较为准确的理解。当模糊性结合了特定的事实、风俗、习惯、法系等背景，含有reasonable的形容词并列结构就在模糊性和准确性之间取得了平衡，使法条更好地体现指导性和可操作性。

三、结　语

从法律体系的广义视角分析，普通法被认为是为模糊性而建立的。因为即使法律设计得再缜密，也总会有特例存在，因而不可能太准确。"这种灵活性反映在它的语言中，'reasonable'这个词持久不衰的盛行，……这些都是法律语言不准确的象征。"（梅林科夫，2014：459）法律语言很少是准确的。对于少数特例，也许存在准确的法律语言，但作为一个交际模式的整体，法律语言则不是准确的（梅林科夫，2014：451）。因此，法律语言中模糊性存在的必要性就被提高到了话语交际的高度。在对词汇准确性的追求方面，语义学认为，单词不只有一个意义，而是有很多意义的。"只要法律还是人与人之间的交流工具，而且可以更好地理解，更好地使用、提炼，它就不可能是完全准确的。"（梅林科夫，2014：461）

　　劳伦斯·M.弗里德曼在《法律的语言》的附录《评论：法律及其语言》一文中，对模糊性做了以下总结："模糊性有时是立法者刻意使用的一项工具……法律文本中的概括性和具体性是用以在相互联系的法律机构或个人之间分配自由裁量权、权力和权威的语言工具。"（弗里德曼，2014：608-609）可见，法律文本中的模糊性并不等同于不准确，其本质上是某种形式的授权方式。

　　综上所述，存在于法律文本中的形容词往往具有语义上的模糊性，充当增强语时，用于文本中表示范围和程度不明确的情况，是法律文本不可或缺的成分。然而，语言是僵硬的，事实是具体的、生动的。认可法律语言中的准确性和意识到法律语言总体上的不准确性，两者同样重要。在意识到形容词本身具有模糊性语义的同时，我们还应关注在法律文本中形容词的特殊使用方式所体现的法律语言的准确性。模糊性和准确性并不是对立的，而是相对的，甚至在某些情况下两者是可以转化的。比如在法律文本中高频出现的"reasonable"与形容词的并列，增强了意思表达的准确性，保证了法条的指导性和可操作性。作为法律英语的学习者和实践者，我们可以由此举一反三，重视各类词性在法律文本中的作用，认真推敲措辞，辩证思考语言的模糊性和准确性，正确理解并且能最终撰写出达意、合理、专业的英语法律文本。

第三章

合同文本中份数条款的数字选用

在商务活动中，合同因在冲突发生时具有定分止争的作用而受到普遍重视。合同订立涉及多方，文本也相应地需要制作多份，由各方分别持有，特殊场合下可能还需多制作几份以满足额外之需（如向主管部门报备、用于诉讼用途等）。合同原件的总份数存在数量限制；在效力上，各方所持的原件具有同等法律效力。

国家工商行政管理总局（现国家市场监督管理总局）[①]是管理国家经济活动的主要行政机关，根据中央人民政府门户网站发布的《工商总局主要职责、内设机构和人员编制规定》，其首要职责包括市场监督管理和行政执法、起草有关法律法规草案、制定工商行政管理规章和政策。[②]截至 2019 年 9 月，由国家市场监督管理总局制定和发布的现行有效合同示范文本共计 77 个。《工商总局关于制定推行合同示范文本工作的指导意见》（工商市字〔2015〕178号）指出，制定和发布合同示范文本"有利于提升社会合同法律意识，引导规范合同签约履约行为，维护各方当事人权益，矫正不公平格式条款"[③]。合同示范文本是指"工商和市场监管部门根据《合同法》及相关法律法规规定，针对特定行业或领域，单独或会同有关行业主管部门制定发布，供当事人在

---

① 2018 年 3 月，根据第十三届全国人民代表大会第一次会议批准的国务院机构改革方案，国家工商行政管理总局的职责整合，组建中华人民共和国国家市场监督管理总局；国家工商行政管理总局的商标管理职责整合，重新组建中华人民共和国国家知识产权局；不再保留国家工商行政管理总局。
② 中华人民共和国中央人民政府．工商总局主要职责、内设机构和人员编制规定（全文）[EB/OL]. (2008-07-26)[2024-07-01]. https://www.gov.cn/gzdt/2008/07/26/content_1056531.htm.
③ 中华人民共和国中央人民政府．工商总局关于制定推行合同示范文本工作的指导意见 [EB/OL]. (2015-10-30)[2024-07-01]. https://www.gov.cn/zhengce/2016-04/05/content_5061312.htm.

订立合同时参照使用的合同文本"①。合同示范文本的制定和推行遵循合法合规、公平合理、尊重意思自治和主动公开四项原则，合同示范文本供相关行业各方使用和借鉴，并不具有强制性。但鉴于其颁发单位的行政级别，合同示范文本具有较高的权威性和指导意义，且应用广泛，故具有研究意义。

一、对合同份数条款的研究

有人主张由于合同份数并非约定双方权利义务的核心内容，无须专门定义，即使未作约定，亦可根据习惯或习俗执行。事实并非如此。首先，设计合同份数条款的初衷是确保各方能够依据所持合同原件行使权利、履行义务。即使份数条款本身并非合同的核心内容，但各方持有内容相同的原件，能够有效防止任何一方对其掌握的合同进行篡改或作假的可能。因此该条款能保障合同核心内容的执行，敦促各缔约方履行最基本的恪守合同条款的义务。其次，合同类诉讼或争议无法回避该项内容。在无讼案例②中以关键字"合同份数"搜索案例，发现此类案例包括民事案件（696例）、刑事案件（47例）、行政案件（13例）以及执行案件（7例）四类。③其中，刑事案件涉及集资诈骗、非法吸收公众存款、合同份数及合同金额，以及统计涉案人数和违法犯罪所得。行政案件的相对方多为国家市场监督管理总局商标评审委员会、国家知识产权局专利局复审和无效审查部（原国家知识产权局专利复审委员会）、房屋产权产籍管理所及国土资源厅等机构，就"合同份数"发生争议的焦点多为程序中涉事一方要求对方提交的合同的份数。民事案由则涉及建设工程施工、借贷、给付、工资、挂靠劳务分包、劳务费、返还、追缴、委托、金融借款、合同解除等内容。其中，前三种类型案件的法律文书中对"合同条款"的讨论最多，因为法院裁决中需要做案情陈述（如：合同的第 × 至第 × 条分别就补充条款、合同份数、合同生效、失效及违约责任的承担方

---

① 中华人民共和国中央人民政府.工商总局关于制定推行合同示范文本工作的指导意见 [EB/OL]. (2015-10-30)[2024-07-01]. https://www.gov.cn/zhengce/2016-04/05/content_5061312.htm.

② "无讼案例"是一款主流、高效的法律检索工具，目前已收录超过 9000 万份裁判文书及 155 万条法规，是法律人日常工作重要的参考工具。

③ 统计至 2019 年 9 月 14 日。

进行了约定）。值得注意的是，通过案例检索得到的法律文书，在案件事实中提及"合同份数"时，除了常见的表达肯定意向的情形，还存在以下表示否定意向的情形。

1. 合同缔约方未对合同份数等内容做出约定（6例）。如"双方持有合同份数的内容为空白""未载明合同份数"等。

2. 合同缔约方对合同份数等内容存异议（14例）。如"原告主张的双方持有的合同份数并不对应""除合同份数之外其余合同内容一致""合同第×条关于合同份数有矛盾"等。造成这些不一致的原因众多：合同文本未订立份数条款、涉事方"在笔录中前后的陈述"不一致或缔约方对"签订借款合同份数的陈述前后不一致"、两份相关合同或主张为同一份合同的两个文本中的份数条款数量不一致等情况。以上例子都是涉案方未对合同份数这一要素给予足够的关注，导致一方在诉讼中无法获得证据优势，最终在案件判决中遭受不利结果，或者造成了案情的胶着。

由此可见，是否订立份数条款以及订立的份数都是客观事实，不会因为未在合同中形成相关文字约定而被否定，而且合同份数在司法实践中已经成为一个高度盖然性因素。该条款并非仅仅是对事实的罗列，而是有着重要意义，甚至条款本身也可能成为诉讼双方争议的关键。在一起民间借贷案件中，合同约定"如因合同份数产生争议，应该向买方所在地人民法院起诉"，且无其他管辖权约定。后来原告（债权受让人）提起诉讼时，被告（债务人/合同的买方）依据该约定提起管辖权异议，最终异议成立，案件被移送。此外，双方可能先后订立多份合同（如《采购合同》《设备技术协议》《补充协议》等），应该认可这些合同系为同一事件、同一目的而订立，属同一范畴，且在合同或协议编号上体现一致性或连续性。此类系列合同中，合同或附件份数的情况应该在合同份数条款或相应部分予以明确，约定包括系列合同或协议在内的合同总份数、各方所持份数、相应法律效力，以及管辖法院和适用法律等问题。

综上，尽管并非强制性条款，但从实务可操作性、行为严谨性，以及后期可能涉诉时举证的便利性等多个角度考虑，合同的份数条款作为一个重要因素，在合同文本中应占有一席之地。但学界尚未对此给予重视，仅是在涉诉时将它视为一个争辩要点。此外，经统计合同文本中该类条款出现的位置，我们可以发现，该类条款除了独立存在之外，还可出现在合同效力、合同生效（与/或终止）、合同订立、其他/附则、适用法律及标准语言等条款之中。份数条款常见于合同文本的末尾，其后多是订立方的署名和签署日期，故位于文本阅读视野的焦点区域，理应引起必要关注。

二、份数条款的实际应用情况

在中文合同文本中，份数条款的表述较为统一。以住房城乡建设部与原国家工商行政管理总局制定的《建设工程施工合同（示范文本）》（GF-2017-0201）①为例，合同第一部分第十三项对合同份数的表述如下："本合同一式____份，均具有同等法律效力，发包人执___份，承包人执____份。"地方性的同类示范文本，以浙江省住房和城乡建设厅与浙江省市场监督管理局于2023年印发的《浙江省商品房买卖合同（预售）》示范文本和《浙江省商品房买卖合同（现售）》示范文本②为例，两份示范文本的合同生效条款均有如下表述："本合同自双方签字或盖章之日起生效。本合同的解除应当采用书面形式。本合同及附件共___页，一式___份，其中出卖人___份，买受人___份。"由此可见，合同文本中对合同份数约定的措辞相对固定。

在英文合同文本中，对文本份数的约定也是常规条款，表述多为：

1. This agreement is made in duplicate. Party A and Party B shall hold one original each.

译文：本协议一式两份。甲乙双方各执一份原件。

2. The contract is signed in two copies which are equally effective, one copy for either party.

---

① 中华人民共和国中央人民政府. 住房城乡建设部　工商总局印发建设工程施工合同（示范文本）[EB/OL]. (2017-10-30)[2024-07-01]. https://www.gov.cn/xinwen/2017/10/30/content_5235483.htm.
② 浙江省住房和城乡建设厅. 浙江省住房城乡建设厅　浙江省市场监督管理局关于印发2023版《浙江省商品房买卖合同（预售）》《浙江省商品房买卖合同（现售）》《浙江省存量房买卖合同》《浙江省房屋租赁合同》示范文本的通知. (2023-04-28)[2024-07-01]. https://jst.zj.gov.cn/art/2023/5/9/art_1229159072_2476288.html.

译文：本合同一式两份，双方各执一份，具有同等效力。

3. This letter is in triplicate: Employee's copy, Employer's copy and copy for Labor Union.

译文：本函一式三份，分别为：员工联、雇主联、工会联。

在英文合同文本中，该类条款多见于文本尾部。该类条款多内容简单、指涉清晰，可套用中文句式，翻译为"本合同一式＿＿份，甲方、乙方各执＿＿份"。

上文通过引用中英文合同文本中的相关表述，说明了合同份数条款的重要性。准确撰写合同中的份数条款能够体现合同文本的规范性（特殊类型的合同，因缔约各方关系的特殊性，可以不设计份数条款）。其中，数字的设计和选用是体现合同订立者语言和法律修养的一个细节，不容忽视。

英语合同文本中的数字有两种形式，即阿拉伯数字1、2、3、……；以及英文数字one、two、three ... 英语数字分为基数词（如one、two、three）和序数词（如first、second、third）两种。毋庸置疑，英文合同文本份数条款中的数字应采用基数词。而中文合同文本份数条款中的数字形式有三种：阿拉伯数字、小写汉字数字（一、二、三、四、五、六、七、八、九、十、百、千等），以及大写汉字数字（壹、贰、叁、肆、伍、陆、柒、捌、玖、拾、佰、仟等）。

对原国家工商行政管理总局制定和发布的77个合同示范文本进行分析和统计后，笔者发现共有五种数字表述方式：阿拉伯数字、小写汉字数字、大写汉字数字、小写汉字数字+阿拉伯数字、大写汉字数字+小写汉字数字。此外，实践中还存在大写汉字数字+阿拉伯数字的方式。

如以2作为双方各执合同份数，综合考虑中文"二"与"两"的使用习惯，中文合同文本份数条款中的数字表述可能出现以下几类形式：

例1　阿拉伯数字：一式 <u>4</u> 份，甲乙双方各执 <u>2</u> 份。

例2　小写汉字数字：一式 <u>四</u> 份，甲乙双方各执 <u>二</u> 份。

例3　小写汉字数字：一式 <u>四</u> 份，甲乙双方各执 <u>两</u> 份。

例4　大写汉字数字：一式 <u>肆</u> 份，甲乙双方各执 <u>贰</u> 份。

例 5　小写汉字数字＋阿拉伯数字：一式　四（4）　份，甲乙双方各执
二（2）　份。

例 6　小写汉字数字＋阿拉伯数字：一式　四（4）　份，甲乙双方各执
两（2）　份。

例 7　大写汉字数字＋阿拉伯数字：一式　肆（4）　份，甲乙双方各执
贰（2）　份。

在撰写合同时，执笔者需要思考合同文本中份数条款的设计原则，如平
衡各方权益、避免歧义、满足监管部门备案或存档的数量要求等，对其中份
数条款中数字的设计不仅仅是对数字形式做简单选择。

三、份数条款中数字的解读

（一）份数条款的特点

本章以上述 77 个合同示范文本为研究对象，分析合同中的份数条款，结
果如表 3.1 所示。首先，笔者发现在这 77 个合同示范文本中，有合同份数条
款的共有 37 个，无合同份数条款的共有 40 个（主要包括买卖合同、承揽合
同、城市供水合同、城市供气合同、城市供热合同、快递合同、保管合同、
仓储合同、委托合同、行纪合同、居间合同、赠与合同等）。据此，可以得出
结论 1：份数条款在某些合同中并非必备条款。

表 3.1　示范合同文本中合同份数条款的表述类型及分布

条款类型	数量
该条款缺省	40
横线或空格	20
有明确数字	15+2 [1]

其次，在 37 个有合同份数条款的示范文本中，相应的数字表达有两种形
式：（1）横线或空格，具体数字有待后续填入（共 20 个文本）；（2）有明确
数字（共 17 个文本）。据此，可以得出结论 2：合同文本中若出现份数条款，

---

[1]　其中 2 个示范文本的最后规定"向管理机构送交备案'贰份'"，笔者将其归入有明
确数字约定的一类。

则数字表达有两种形式：（1）横线或空格，具体数字有待后续填入；（2）有明确数字。在第一种情况中，数字由订立各方达成共识后再行填入。一旦填入，便表示各方对此予以认可。这体现了工商市字〔2015〕178号文所述的合同示范文本的制定推进工作应遵循的一个原则——"尊重意思自治"原则，即"合同示范文本供当事人参照使用，合同各方具体权利义务由使用人自行约定；使用人可以根据自身情况，对合同示范文本中的有关条款进行修改、补充和完善"[①]。

有明确数字的17个示范合同中存在着多种数字表现形式，按数量多少进行排列分别是：小写汉字数字（9个）；大写汉字数字（3个）；小写汉字数字/阿拉伯数字混用（3个）；阿拉伯数字（1个）；大写/小写汉字数字混用（1个）。据此，可以得出结论3：在有明确数字的示范合同中，份数条款的数字选用形式存在多种可能。其中，小写汉字数字最常用（9个，占52.9%），大写汉字数字以及小写汉字数字/阿拉伯数字混用的形式其次（各3个，各占17.6%），而阿拉伯数字或大写/小写汉字数字混用的形式最少（各1个，各占5.9%）。

（二）份数条款中"两""贰"与"二"的使用

因为实务中需要制定多份合同原件，由订立各方分别持有，故出现诸如"二""四"等数字的频率较高。在表示"双份"数量概念时，中文因自身语言特性及使用习惯，可能出现三种表现形式，即"两""贰""二"。

具体到条款中出现的数字，在17个有明确数字的示范文本的份数条款中，共有12个涉及双份概念，并且"两""贰""二"三种表述均有使用。由表3.2可见："两"（小写汉字数字）使用频率最高；大写汉字数字"贰"其次；而"二"的使用频率最低，仅出现在1个文本中。

---

① 中华人民共和国中央人民政府.工商总局关于制定推行合同示范文本工作的指导意见[EB/OL]. (2015-10-30)[2024-07-01]. https://www.gov.cn/zhengce/2016-04/05/content_5061312.htm.

表 3.2　12 个示范文本中双份概念的三种表述的分布

表述	数量	占比	示范合同号
两份	7	58.3%	GF-96-0206、GF-91-0404、GF-97-0405、GF-91-0408、GF-2016-0157、GF-2003-0214、GF-2016-1002
贰份	4	33.3%	GF-2003-0511、GF-2003-0512、GF-2006-2503、GF-2007-0211
二份	1	8.3%	GF-2006-2504

四、数字选用的规范性讨论

（一）小写汉字数字"二"与"两"

1. 两者的定义不同。在商务印书馆第 7 版（2016）《现代汉语词典》中，"二"的释义为"一加一后所得的数目"；"两"的释义为"一个加一个是两个"，"一般用于量词和'半、千、万、亿'前"，其大写形式为"贰"；此外，"在一般量词前，用'两'不用'二'"。（中国社会科学院语言研究所词典编辑室，2016：346，815）

2. 作为基数词、序数词的不同。基数词是表示数目的数词，"两"多见于基数词。序数词是表示顺序的数词，中文中序数"只用'二'，如'第二、二哥'"（中国社会科学院语言研究所词典编辑室，2012：811）。最高人民法院制定的《人民法院民事裁判文书制作规范》（2016）第五点也指出，"裁判主文的序号使用汉字数字，例：'一'、'二'"①。

综上，"二"与"两"这两个中文数词的使用语域不同，在一般量词前用"两"不用"二"。因此，在表述"×份"的概念时，应采用数字"两"。故合同的份数条款中"各执二份"的表述不符合语言使用规范和习惯。

（二）汉字数字与阿拉伯数字

为进一步规范和统一民事裁判文书写作标准，提高民事诉讼文书质量，

---

① 中华人民共和国最高人民法院．最高人民法院关于印发《人民法院民事裁判文书制作规范》《民事诉讼文书样式》的通知 [EB/OL]. (2016-06-28)[2024-07-01]. https://eastlawlibrary.court.gov.cn/court-digital-library-search/page/fullTextSearch/lawNReguDetail.html.?id=239452.

最高人民法院制定了《人民法院民事裁判文书制作规范》和《民事诉讼文书样式》。《人民法院民事裁判文书制作规范》的第五点"数字用法"中规定了四项内容，分别是：裁判主文的序号使用汉字数字；裁判尾部落款时间使用汉字数字；案号使用阿拉伯数字；其他数字用法按照中华人民共和国国家标准《出版物上数字用法（GB/T 15835—2011）》执行。《出版物上数字用法》是国家颁布的语言使用示范性规则和指南，其中4.3列举了阿拉伯数字与汉字数字均可的情况："如果表达计量或编号所需要用到的数字个数不多，选择汉字数字还是阿拉伯数字在书写的简洁性和辨识的清晰性两方面没有明显差异时，两种形式均可使用。"（2011：2）本章研究对象中数字的使用场合符合上述规则描述的"表达计量"的情况，且用到的数字个数不多（均为个位数），故汉字和阿拉伯数字均可。该国标进一步指出："如果要突出简洁醒目的表达效果，应使用阿拉伯数字；如果要突出庄重典雅的表达效果，应使用汉字数字。"（2011：3）因此，份数条款中，使用阿拉伯数字和汉字数字的表达方式均可，区别在于汉字数字（如例3、例4）体现庄重典雅，阿拉伯数字（如例1）则更简洁醒目。

值得注意的是，该国标中的4.3还明确了"在同一场合出现的数字，应遵循'同类别同形式'原则来选择数字的书写形式"（2011：3）。例8—例10列出了合同示范文本中汉字数字和阿拉伯数字混用的情况，这种混用减损了示范文本的公信力；例11则出现了大写和小写汉字数字的混用，这种写法也应尽量避免。

例8　本合同正本一式两份，承托双方各执1份。（GF-97-0404）

例9　本合同正本一式两份，承租双方各执1份。（GF-97-0405）

例10　本合同正本一式两份，作业委托人与港口经营人各执1份。（GF-97-0408）

例11　本合同书正本一式贰份，由双方各执一份。（GF-2007-0211）

此外，该国标中的4.3中规定，"有法律效力的文件、公告文件或财务文件中可同时采用汉字数字和阿拉伯数字"，并举例：2008年4月保险账户结算日利率为万分之一点五七五零（0.015750%）（2011：3）。据此，合同示范文本例 6 和例 7 中的数字表述也符合该国标。需要明确的是，该条所述"同时采用"指的是对同一个句子中针对同一事项采用汉字数字和阿拉伯数字结合的形式，而非上述例 8—例 11 两种不同数字的混用。

（三）汉字数字的小写与大写

《出版物上数字用法》5.2.4"汉字数字的使用"项下"大写汉字数字"部分规定了大写汉字数字的标准书写形式和适用场合："法律文书和财务票据上，应采用大写汉字数字形式记数。"（2011：5）财务票据上广泛使用大写汉字数字，所涉金额通常较大。依此处规定，法律文书可以参照财务票据的记数方式，笔者认为这适用于合同中金额较大的事项（如文本涉及合同金额、股本总额）。在财务票据上，"阿拉伯数字＋大写汉字数字"的书写方式也十分常见。《人民法院民事裁判文书制作规范》第五部分"数字用法"所列"裁判主文的序号""裁判尾部落款时间"等处使用的汉字数字也均使用小写，且"案号使用阿拉伯数字"。可见，在中文法律文书中，并非单纯鼓励使用大写汉字数字而排斥小写汉字数字或阿拉伯数字。故在合同文本份数的数字选用上，大写和小写汉字数字均可，这也和《出版物上数字用法》中 4.3 的使用原则一致。

五、结　语

法律文本具有高度的严肃性和严谨性，合同文本中数字的选用看似是几类书写方式的偶然使用，实质却体现了合同订立者对待自身权利义务的态度。

通过以上分析，我们可以得出结论：本章中例 1（阿拉伯数字）、例 3（小写汉字数字）、例 4（大写汉字数字）、例 6（小写汉字数字＋阿拉伯数字）、例 7（大写汉字数字＋阿拉伯数字）中数字的书写方式，均符合我国语言文字规范及行业要求。然而，在社会分工日益细化和各行业高度专业化的时代背景下，笔者建议使用"汉字数字＋阿拉伯数字"（例 6、例 7）形式。合同文本中，汉字数字（大写或小写）后面附加阿拉伯数字，可明确有效力文本的份数，最大限度防止数字篡改等行为的发生。在英文合同文本或准法律文本中，涉及数字的常规书写方式是两种数字表达方式相结合，以保证此类数字信息得到完全传达。例如，在列明合同订单总额为USD 40,112.00后，应附加"Say U. S. Dollars Forty Thousand One Hundred Twelve Only"或是"Amount in words: U. S. Dollars Forty Thousand One Hundred Twelve"此类文字，即采用"阿拉伯数字+英文数字"的方式加以明确。以此类推，中文合同中涉及份数等数字内容时，"阿拉伯数字+汉字数字"的形式更具合理性。结合我国实际情况，建议用"一式四（4）份，甲乙双方各执两（2）份"或"一式肆（4）份，甲乙双方各执贰（2）份"的形式；两者的区别是前者更简洁，后者更能体现法律文本的庄重和严谨。

合同措辞无小事，合同示范文本对实践指导意义重大。国家行政机构为指导和服务市场所提供的示范文本的作用不可低估。在以合同文本中份数条款的撰写为对象的分析过程中，法律文本语言严谨的特征再次得到了彰显。这不仅对各缔约方具有警示作用，而且对司法从业人员以及法律工作者具有启发意义。法官等司法从业人员可以从份数条款着手，考证相应证据的真实性；律师等法律工作者在提供服务时，除了加强法律专业知识涵养之外，还应严把语言关，提高文字方面的能力和素养，尽可能在合同订立阶段杜绝因文字选用而可能导致的意思分歧，从而最终确保合同的有效执行。

本章以合同份数条款中数字的写法为例，侧重于探讨中文法律（或准法律）文本中数字的书写规范，也涉及相关英文的表述。在数字的表现形式上，除阿拉伯数字之外，中文的数字书写形式存在大小写之分，英文的数字形式则具有唯一性，本章内容对英译汉更具参考价值。

第四章

加和类连接的逻辑意义：以CISG第12条为例

　　语篇连接即各语义单位通过连接资源（conjoining devices）共同构成一个具有完整意义的语篇，语篇连接机制能够通过促进语篇意义的传递来实现语篇作者与读者之间的人际互动。连接系统通过不同的连接资源将人类的经验活动联系起来，形成意义联合体（王振华、吴启竞，2017：12-13）。连接资源可分为框定性连接和指向性连接两类。其中，对于框定性连接中的组合连接，王振华、吴启竞（2017：13-15）认为，可沿用马丁和罗斯（Martin & Rose，2003/2007）的分类标准，分为加和（addition）、对比（comparison）、时间（time）和结果（consequence）四类（如图4.1所示）。其中，加和类连接资源体现意义的叠加或选择。英文中，加和类连接资源包括and、besides、or、alternatively等，在叙述体、描述体、观点体等语篇中有着广泛的应用。

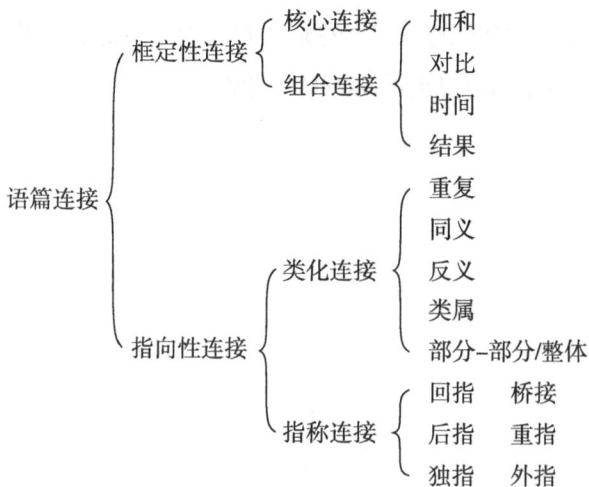

图4.1　语篇连接系统（王振华、吴启竞，2017：15）

一、法律文本中的加和类连接

从文本的类型特点出发，每个语篇都属于特定的语类（genre），不同语类的交际目的影响着连接资源的选择。"不同类型的语篇体裁所具有的不同的交际目的可以使信息发出者偏重选择具有不同类型逻辑语义关系的连接词。"（李国庆，2005：11）法律文本使用加和类连接有其必要性和必然性。

法律文本是一个特定的语类，其目的是就所涉事情明确各方权利、义务关系，以指导其各自行为。例如，法条将某种（类）行为定性，并明确了违反法律后应承受的相应惩罚及处理，体现了法律的指引、评价、教育、预测和强制等规范作用。具体的法律条文在对行为进行描述、定性、明确相应后果或惩戒方式时，势必需要罗列一系列典型的行为特征以达到明示效果，这就需要使用加和类连接。在语义层面上，加和类连接表示意思的叠加或选择，能够体现法律类文本的严谨逻辑。在该类文本中准确使用加和类连接对文本撰写者要求较高，它不仅展现了文本作者是否具备专业素养和缜密思维，而且决定了文本作者与读者之间是否能够顺利实现交际互动。在合同等法律类文本中合理使用加和类连接也能够排除语言层面的歧义，有助于合同的有效履行，并且在争议发生时作为重要的判断标准定分止争。英文法律文本中，加和类连接资源的使用如下。

例1　... whoever shall enter, remain in, leave, or commit any act in any military area or military zone prescribed, under the authority of an Executive order of the President, by the Secretary of War, or by any military commander designated by the Secretary of War, contrary to the restrictions applicable to any such area or zone or contrary to the order of the Secretary of War or any such military commander, shall, if it appears that he **knew or should have known of** the existence and extent of the restrictions or order and that his act was in violation thereof, be guilty of a misdemeanor and upon conviction shall be liable to a fine of not to exceed $5,000 or to imprisonment for not more than one year, or both, for each offense. (Roberts & Murphy, 1944)

例2　The Senate Commerce Committee made it quite clear that the fundamental object of Title II was to vindicate "the deprivation of personal dignity that surely accompanies denials of equal access to public establishments." At the same time, however, it noted that such an objective **has been and could be readily achieved** "by congressional action based on the commerce power of the Constitution." (U.S. Supreme Court, 1964)

例1和例2都使用了英文法律文本中常见的加和类连接形式，在语言层面体现了撰写者对事件可能发生的时间要素的谨慎考虑。时间是法律实务中最为关键的两个要素之一（朱佳，2015：514），一般分为已然和未然两种情况。例1和例2的粗体部分对"已然"做了进一步细分：将"已然"分为事实上已经发生（确定已然）和推定已经发生（应然）。例1是在"确定已然"和"应然"两者中择其一，例2则包含两者。这类表述在文字层面略显"累赘"，实际上则避免了可能的歧义和疏漏。这些为了表达精确、不留漏洞的结构，在翻译中也不能漏译（卢敏，2008：17）。加和类连接的应用以及连接资源的选择，都是语篇作者给出的具有严格指示意义的明确信号，应当引起必要的关注，不应被视为法律文本中一种僵化或程式化的语言记号。

如上所述，法律文本较多使用加和类连接，是由其语篇的语类属性和交际目的决定的；连接资源前后的并列项之间的词性和逻辑关系也值得深入研究。法律英语中近义词并列的现象高频出现。近义词并列，即用两个或者三个意思相近或者相同的词构成一个短语，以表达法律上本来只需要一个词就能表达的概念（李萍，2018：33），如 knowingly and intentionally、directly and naturally、under the authority or with the consent of the owner 等，旨在通过语义的重复达到增强语势的效果。由于使用频率较高，某些近义词的加和类连接已成为英语法律文本中固定的表达方式，进而发展为法律英语中只有一个意思的"配对词"（legal pair）（李克兴，2018：33），如表示定义合同无效的 null and void、表示负有连带责任的 jointly and severally。以上类型的加和类连接多充当句中的非核心成分，如形容词、副词、介宾短语等，对句子的核心成分（主语、谓语或宾语）进行限定或修饰。此外，加和类连接并不限于两三个同义词或近义词的并列，它还包括法律文本中对某类事物或行为在特定条件或场合下存在的各种可能做出的穷尽性罗列。该类罗列也会使用连接资源and或or（甚至可能多次使用），例如英国 1979 年《货物买卖法》（Sale of Goods Act）第 24 条 "Seller in possession after sale"（出售后占有货物的卖方）共 95 个单词，连接资源or共出现了 7 次。

例3　No person shall directly **or** indirectly by himself **or** by any other person on his behalf make use of **or** threaten to make use of any force, violence, **or** restraint, **or** inflict **or** threaten to inflict, by himself **or** by any other person, any temporal **or** spiritual injury, damage, harm, **or** loss upon **or** against any person in order to induce **or** compel such person to vote **or** refrain from voting, **or** on account of such person having votes **or** entrained from voting at any election, **or** by abduction, duress, **or** any fraudulent device **or** contrivance impede **or** prevent the free exercise of the franchise of any voter, **or** thereby compel, **or** prevail upon any elector either to give **or** to refrain from giving his vote at any election.

例 3 系香港特别行政区《舞弊及非法行为条例》（Corrupt and Illegal Practices Ordinance）[①]（1987 年修订版）第 8 条的内容（部分）。本句共有 129 个英文单词，连接资源 "or" 出现了 21 次，并列项几乎涵盖了干扰投票选举的所有方式，属于详尽罗列。

例4　An available market is the situation where "goods are available for sale in the market at the market price in the sense of the price, whatever it maybe, fixed by reference to supply and demand as the price at which a purchaser for the goods in question can be found, be it greater **or** less than **or** equal to the contract price". (科农利，2004: 160−161)

除了应用于法律条文中，加和类连接也见于民商事法庭做出的判决书中。例 4 系一项商事判决中法律原则的部分摘录。审判法官不惜笔墨地阐释了

---

① 参见：Historical Laws of Hong Kong Online. Corrput and Illegal Practices Ordiance [EB/OL]. [2024-07-01]. https://oelawhk.lib.hku.hk/items/show/3118. 该条例于 2000 年 3 月 3 日起被 Elections (Corrupt and Illegal Conduct) Ordinance 替代。

"现成市场（available market）价格与合同价格之间差异"的各种可能："be it greater **or** less than **or** equal to the contract price（高于或低于或等于合同价格）"。该表述用最直白的方式穷尽了所有可能，由两个连接资源or衔接，呈现一个加和类连接，看似累赘，却是对英国1979年《货物买卖法》第50条（3）[①]中现成市场价格的详尽阐释。该起诉讼的主要争议点正是涉案商品的价格计算依据，在判决理由中表述得如此详尽，诠释了普通法系国家中法官解读和阐释法条的权利、义务及专业素养。通过例3和例4可见，由or充当连接资源的加和类连接是英语法律文本中的常见形式。

二、研究对象：CISG第12条

《联合国国际货物销售合同公约》（United Nations Convention on Contracts for the International Sale of Goods，CISG）由联合国国际贸易法委员会于1980年4月颁布，规定了国际货物销售合同的订立规则和买卖各方的权利及义务，在国际贸易中广泛适用。国内对CISG的研究主要分为法律和语言两个层面。前者涉及我国核准加入该公约时对个别条款所作保留及近年又申请撤回的历史发展脉络（杨帆，2008；李巍，2012；郝倩，2013；孟雪、刘立芹，2014），以及将其与《国际商事合同通则》、《2000年国际贸易术语解释通则》或者《中华人民共和国合同法》等部门法比较，探讨其在境内外的适用（肖永平、王承志，2000；吴益民，2007；朱岩、潘玮璘，2014）。语言层面的研究多从CISG英语语料出发，从词、句或语篇等角度讨论其语言特点（薛伊文，2015），也有研究从系统功能语法视角对其进行元功能分析（俞惠峰，2014）。总体而言，语言层面的研究比较笼统，欠缺一些细致的着眼点。

联合国大会第二十八届会议的第3189号决议使得中文成为该组织的正式工作语言之一。联合国的正式语言共有六种（阿、中、英、法、俄、西）。大

[①]　法条原文：(3) Where there is an **available market** for the goods in question the measure of damages is prima facie to be ascertained by the difference between the contract price and the market or current price at the time or times when the goods ought to have been accepted or (if no time was fixed for acceptance) at the time of the refusal to accept.

多数联合国文件使用全部六种正式语言撰写①，提供多种语言版本必然涉及翻译。法律类或准法律类文本的翻译，尤其要重视译文的准确性。法律翻译可以分为权威性翻译和非权威性翻译。"权威性翻译是指国家立法机关通过并生效的法律译本。也就是说，这类译本实际上是具有法律效力的。"（陈秋劲，2013：59）故由联合国颁布的 CISG 中英文平行文本具有权威性。本章讨论的CISG 中英文版本②均由联合国颁布。

CISG 第 12 条属法律文本中的典型长句，是一些成员国核准加入时声明保留的高频条款。由于第 12 条和第 11 条联系紧密，至 2013 年我国申请撤回对 CISG 第 11 条的保留前，第 12 条也曾是国内法律界探讨的核心。虽然在法律层面的讨论现已尘埃落定，但鉴于该公约的广泛实用性以及发布机构的权威性，CISG 依然是语言研究的极佳素材。第 12 条属于公约第一部分第一章，其中的定语从句包含加和类连接组合，并且该连接中还有两处带有后置定语；该处加和类连接及其后置定语限定的具体内容均具代表性，值得深入分析。

Article 12

Any provision of **article 11, article 29 or Part II** of this Convention that allows a contract of sale **or** its modification **or** termination by agreement **or** any offer, acceptance **or** other indication of intention to be made in any form other than in writing does not apply where any party has his place of business in a Contracting State which has made a declaration under **article 96** of this Convention. The parties may not derogate from or vary the effect of this article.

第 12 条

本公约第 11 条、第 29 条或第二部分准许销售合同或其更改或根据协议终止，或者任何发价、接受或其他意旨表示得以书面以外任何形式做出的任何规定不适用，如果任何一方当事人的营业地是在已按照本公约第 96 条做出

---

① 参见：联合国 . 行动使命：正式语文 . [2024-07-01]. https://www.un.org/zh/our-work/official-languages.

② 参见：联合国 . 联合国国际货物销售合同公约 [EB/OL]. (2010-12)[2024-07-01]. https://uncitral.un.org/sites/uncitral.un.org/files/media-documents/uncitral/zh/v1056996-cisg-c.pdf.

了声明的一个缔约国内，各当事人不得减损本条或改变其效力。

与一般文体的文本相比较，法律文件的特点是存在数量庞大的以限定性和/或非限定性定语从句、短语、状语从句以及短语、词汇和段落并列，语序复杂多变为特色的长句（夏登峻，2014：38）。这一语言特征从CISG第 12 条可见一斑。其主句是 "Any provision of article 11，article 29 or Part II of this Convention... does not apply"，where引导条件状语从句；主句中由that引导的定语从句（that allows a contract of sale **or** its modification **or** termination by agreement **or** any offer，acceptance **or** other indication of intention）在语法上充当修饰或限制成分，却是本句的重要部分，是体现信息型文本中加和类连接的典型。

三、研究对象中的连接项及其翻译

CISG第 12 条的定语从句中，连接资源or衔接了"意思表示"在合同订立和履行过程中的各种表现形式，这种连接产生了语义上的逻辑联系，使读者明确了某种具体行为的"意思表示效力"在CISG中是否适用，是对相关事项的穷尽性罗列，对实践具有指导意义。研究对象中由 4 个or连接的名词词组是：

A. a contract of sale

B. its modification

C. termination (**by agreement**)

D. any offer，acceptance

E. other indication (**of intention**)

A—E均为名词词组，其中C和E后面还分别带有限定词by agreement和 of intention。在加和类连接的各并列项中，如某一项存在修饰成分（尤其是后置），不能理所当然地认为该成分修饰前面所有的并列项，或者仅修饰与其最接近的一项，而应该具体分析以明确实际修饰的对象。其中，by agreement在语法层面可以修饰与之联系最紧密的C，也可能修饰B和C，甚至修饰前述所有名词词组A、B、C（三种可能性如表4.1所示）。联合国提供的CISG中文版本中，该部分译文为"销售合同或其更改或根据协议终止，或者任何发价、接受或其他意旨表示……"，显然采用了表4.1中的逻辑1。

表 4.1 后置修饰成分所修饰内容的各种可能

序号	逻辑关系	修饰内容
1	**A** | **B** | (**C** of/ by X)	C
2	**A** | [(**B** | **C**) of/ by X]	B+C
3	(**A** | **B** | **C**) of/ by X	A+B+C

（一）以句子为单位进行分析

1．连接 1： any offer, acceptance or other indication of intention

句子是独立的语言单位，是理解句子内词语最初层级的语言环境。连接1是第12条的定语从句中的部分内容。offer、acceptance、indication of intention 都是商法和贸易中的常用术语，CISG中文版本中分别译为"发价""接受"和"意旨表示"，在我国多称为"报价/报盘""接受"和"意思表示"。offer（发价、报价）指有购买意愿方向对方发出要约。acceptance（接受）则是对前述报价要约的接受，"接受"一经送达报价人，合同即告成立，权利、义务关系确立。indication of intention（意旨表示、意思表示，考虑到中文表述的习惯，下文统一称为"意思表示"）是促成合同订立的主要动因或前提。"意思表示"是法律行为的核心要素，指向外部表明意欲发生一定私法上效果的意思的行为。各方的内心意思可借助语言、文字或者表意的形体语言做出，所做出的意思表示具有法律效果。

综上，可以认为offer和acceptance是indication of intention外化的具体表现形式，而加和类连接1（由or连接的概念①—③，见图4.2）实际涵盖了"意思表示"的所有形式。首先，它明确地罗列了最主要的两种"意思表示"的表现形式（offer、acceptance）；其次，other indication of intention囊括了上述两种表现形式之外的所有内容。故中文版本中"任何发价、接受或其他意旨表示"表述正确。此时，of intention修饰与之距离最近的other indication，共同构成一个概念，与offer、acceptance并列，三者都从属"意思表示（indication of intention）"的范畴。如果认为后置的of结构修饰①②③三项，则有赘述之嫌。

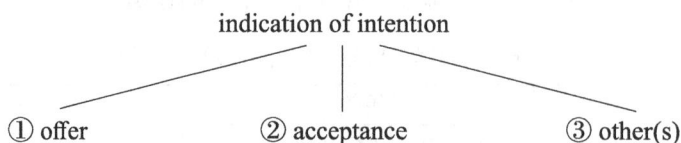

indication of intention

① offer　　　　② acceptance　　　　③ other(s)

图 4.2　加和类连接 1 结构拆分

2．连接 2：Any provision of article 11, article 29 or Part II of this Convention

连接 2 是 CISG 第 12 条中的主语。毋庸置疑，第 11 条、第 29 条以及第二部分都属于 this Convention（本公约），故中文版本中"本公约第 11 条、第 29 条或第二部分"表述正确。此处修饰词组 of this Convention 限定前方并列的全部名词。

以上两例加和类连接中后置限定词所修饰的内容可以在句子层面解析，它们分别体现了两种逻辑：仅修饰在空间上与其有着紧密连接的某个或某些词语，或修饰连接中的所有并列成分。

（二）以篇章为单位进行分析

1．CISG 相关条款之间关系框架的构建

从 CISG 第 12 条的内容可见，第 12 条涉及第 11 条、第 29 条、第二部分和第 96 条（详见附录 1），它们共同就"意思表示形式的效力"构建了一个体系，因此需要突破句子层面的局限，着眼语篇层面，进行整体分析。

Article 11

A contract of sale need not be concluded in or evidenced by writing and is not subject to any other requirement as to form. It may be proved by any means, including witnesses.

第 11 条

销售合同无须以书面订立或书面证明，在形式方面也不受任何其他条件的限制。销售合同可以用包括人证在内的任何方法证明。

Article 29

(1) A contract may be modified or terminated by the mere agreement of the parties.

(2) A contract in writing which contains a provision requiring any modification or termination by agreement to be in writing may not be otherwise modified or terminated by agreement. However, a party may be precluded by his/her conduct from asserting such a provision to the extent that the other party has relied on that conduct.

第 29 条

（1）合同只需双方当事人协议，就可更改或终止。

（2）规定任何更改或根据协议终止必须以书面做出的书面合同，不得以任何其他方式更改或根据协议终止。但是，一方当事人的行为，如经另一方当事人寄以信赖，就不得坚持此项规定。

第 11 条规定，意思表示的有效形式可以不限于书面形式，且认可了人证的证明效力；第 29 条（2）的但书部分则列举了意思表示必须采用书面形式之外的特殊情况，即认可非书面形式的存在。同理，CISG 的第二部分列举了合同订立时做出意思表示的多种方式，包括口头、书面、其他方法送交等。第 11 条和第 29 条属于该公约中各章的总则部分，对各章内容起着提纲挈领的作用；CISG 的第二部分作为一个整体总共包含了 11 条规定。CISG 的第 11 条、第 29 条和第二部分，三者共同确定了合同订立及履行过程中，做出意思表示的有效形式并非仅限于书面形式，并对意思表示形式的多样性给予了认可。

再看第 96 条：

Article 96

A Contracting State whose legislation requires contracts of sale to be concluded in or evidenced by writing may at any time make a declaration in accordance with article 12 that any provision of article 11, article 29, or Part II of this Convention, that allows a contract of sale or its modification or termination by agreement or any offer, acceptance, or other indication of intention to be made in any form other than in writing, does not apply where any party has his place of business in that State.

第 96 条：

本国法律规定销售合同必须以书面订立或书面证明的缔约国，可以随时按照第 12 条的规定，声明本公约第 11 条、第 29 条或第二部分准许销售合同或其更改或根据协议终止，或者任何发价、接受或其他意旨表示得以书面以外任何形式做出的任何规定不适用，如果任何一方当事人的营业地是该缔约国内。

无论是在法律文本的原文还是在译文中，所用的词汇及句型的重复率是非常高的（张法连，2009：73）。第 96 条的核心部分与第 12 条的大部分表述一致，体现了信息型文本行文前后的高度一致性。这点在译文中也应有所体现。这两个条款关系紧密，应作整体把握。

综上，第 1 组（第 11 条、第 29 条以及第二部分）与第 2 组（第 96 条和第 12 条）就合同订立过程中意思表示的有效形式构建了一个完整的逻辑框架，整体理解后条文之间的关系和指涉一目了然。第 1 组是一般规定，认可意思表示形式的多样性。第 2 组则是上述原则的例外，规定在特定条件下一方可以随时声明以上规定不适用。

事实上，"形式的效力"曾经是 CISG 研究的主要论题之一。以中国为例，在加入 CISG 时出于对该国际公约与国内法之间衔接的统筹考虑，中国曾明确表示对第 11 条持保留意见。这意味着即便该销售合同受 CISG 约束，如果涉及中国公司，那么 CISG 中"合同无须以书面订立"的规定也将不适用（孟雪、刘立芹，2014）。后来，顺应时代发展的趋势，我国于 2013 年撤回了该条保留。

2．确定限定词的限定范围

仅通过 CISG 第 12 条确定加和类连接（a contract of sale **or** its modification **or** termination by agreement）中后置限定词 by agreement 修饰的范围，难度较大。中文版中"销售合同或其更改或根据协商终止"，即逻辑 **A | B |（C of/ by X）**的表述是否准确呢？笔者结合含有该限定词的条款进行了相应分析。此时需要回到英文原文，笔者在 CISG 英文全文搜索关键词"agreement"，发

现其在第12条首次出现，全文共出现7次，在第12条、第29条、第96条高频出现（见表4.2）。

表4.2　CISG中含有agreement一词的条款

序号	条款序号	含 **agreement** 的加和类连接
1	12	a contract of sale or its modification or termination by **agreement** ...
2	29（1）	be modified or terminated by ... **agreement** ...
3	29（2）	any modification or termination by **agreement** ...
4	29（2）	not be ... modified or terminated by **agreement**.
5	90	does not prevail over any international **agreement** ...
6	90	have ... in States parties to such **agreement**.
7	96	a contract of sale or its modification or termination by **agreement** ...

表4.2中的第5、6句因关键词"agreement"并非后置限定词，不属于本章研究范围；剩下的5处中by agreement前出现的加和类连接及频率如表4.3所示。

表4.3　CISG中含by agreement的加和类连接的条款

序号	含 **by agreement** 的加和类连接	频率	条款序号
1	a contract of sale **or** its modification **or** termination by **agreement**	2	12、96
2	modified **or** terminated by **agreement**	2	29（1）、29（2）
3	modification **or** termination by **agreement**	1	29（2）

由中文版第29条（1）中"合同只需双方当事人协议，就可更改或终止"的表述可知：协议双方可以通过协议对合同进行更改或终止。由此可推断，动词性的加和类连接be modified or terminated by agreement及名词性的加和类连接modification or termination by agreement中by agreement的修饰对象实际包含前面两个并列项。因此，第29条（2）中文版中"更改或根据协议终止"的表述，应改为"根据协议更改或终止合同"，才更为妥帖。

既然第29条中该部分的内在逻辑为"（B or C）by agreement"，那么研究对象第12条以及第96条中并列的A / B / C三项与其后的限定词by agreement之间的关系又该如何定性？与限定词距离最远的A项（a contract of sale）是否也是被限定的对象？如果确定其在限定范围内，又该如何翻译？笔者认为，agreement在第12条中首次出现，泛指各方可能达成的任何协议，发生的时间节点包括合同订立时、订立前或订立后。基于以下理由，可以认为by agreement也限定了A项。

首先，agreement在《元照英美法词典》第54页中的定义为：协议、协定，指两人或多人就其与其过去或将来实施行为相关的权利和义务等内容而形成的双方合意（mutual assent）；该词既可用于指无对价的非正式协议，也可用于指有对价支持的合法的正式协议（薛波，2013：54）。该词条还特别指出，agreement包括合同，且两者并不等同。据此可以认为，agreement在合意的表达上存在正式/非正式和书面/非书面等多种可能。

其次，合同由各方通过协议最终达成合意而订立，销售合同（a contract of sale）可视为双方协议（agreement）的物化结果，后续可能出现的对合同的修改、终止也是协议物化的结果，所以（A or B or C）by agreement的结构具有其合理性。

再次，结合实务经验可知，在合同订立后，双方可能随着后续诸多因素的变化而再度订立合同，或在已订立的合同基础上进行修正、更改、增补、终止（如后期续约、因货款无法足额交付所做的后续偿付约定等），所以合同订立方通过协议可能产生的结果，包括但不限于合同的订立、更改以及终止。因此"依据协议订立、变更或终止销售合同"更符合事实和逻辑。当然，在不太追求严谨性的措辞中，"订立合同"往往具有"依据协议订立合同"的内涵，多数情况下也容易被各方接受。

在讨论翻译法律文本中长句应采用归化还是异化翻译策略时，陈小全（2016：118）指出，不应当把两种翻译策略对立起来，而应当根据实际需要选择性地运用相应的翻译策略。这也为本章的研究提供了一种思路。基于上述观点，我们可以得出以下结论：在多个由and/or充当连接资源的加和类组合连接中，如某一个（或几个）并列成分出现后置的修饰词，其限定的内容存在下面多种可能——限定一个词或几个词甚至是所有的并列成分；具体需要从句子、篇章层面寻找证据正确解读，而诸如"就近原则"或"全盘包干"的僵化观点应予以摒弃。

（三）建议译文

综上，结合中文先因后果的行文顺序，CISG 第 12 条建议翻译如下。

改译：任何一方如在依据本公约第 96 条做出承诺的缔约国有营业地的，则本公约第 11 条、第 29 条或第二部分中允许依据协议订立、变更或终止销售合同，出价、接受出价或其他意思表示以书面以外任何形式做出的相关规定对其均不适用。

如果读者坚持认为后面的两项 "its modification or termination by agreement" 与前面的一项 a contract of sale 意思联系不紧密，而不能接受后置限定词 by agreement 修饰前文全部并列项，那么至少应该认可 by agreement 对后面两项的修饰。

四、加和类连接的多个语义层次

至此，本章分析了 or 连接多个并列项以表示一种并列或选择逻辑关系的应用；包括研究对象在内，前文所列的加和类连接中的并列项都属于一个层次。需要注意的是，并非所有的类似连接中的并列项都必然属于同一个层次。

例 5　When goods are delivered to the buyer on approval **or** on sale **or** return **or** other similar terms the property in the goods passes to the buyer …

例 5 为 1979 年英国《货物买卖法》第 18 条规则 4 中条件部分内容，句子核心是加和类连接 on approval **or** on sale **or** return **or** other similar terms。笔者尝试用三个主流在线翻译软件或网站（微软必应[①]、有道词典[②]、谷歌翻译[③]）对该句进行英汉翻译，比较其译文，发现对句中的这个并列结构的翻译都存在错误，疑似被分割成了由三个连接资源 "or" 衔接的四个并列项。

---

① 译文：当货物经批准交付买方或出售或退货或其他类似条件时，货物中的财产将转移给买方。
② 译文：当货物以批准、出售、退货或其他类似方式交付给买方时，货物中的财产转移给买方。
③ 译文：当货物经批准，出售或退货或其他类似条款交付给买方时，货物中的财产移交给买方。

从文字层面分析，该条文中共出现了三个连接资源or，逻辑上却涵盖了图 4.3 所示的两个层次。or 连接的并列结构分别为：①on approval、②on sale or return，以及③other similar terms 三项，并非表面所见的 on approval、on sale、return 和 other similar terms 四项。原因在于②on sale or return（一种特殊的销售形式）有别于传统意义上的"交付即实现所有权转移"，而是发生了货物使用权和所有权之间时效性的分离。①on approval 指"供试用"或"包退换"，②on sale or return 也具有类似性质，应理解为"准许退货买卖"或"无法销售可退货"；结构中的 or 是这种固定表达（on sale or return）不可或缺的连接资源，体现概念内部意义的选择和逻辑，与其前后两个 or 处于不同层次。故其译文应为：当以试验买卖、余货退回或其他类似条款将货物交付买方时，货物的所有权转移至买方……

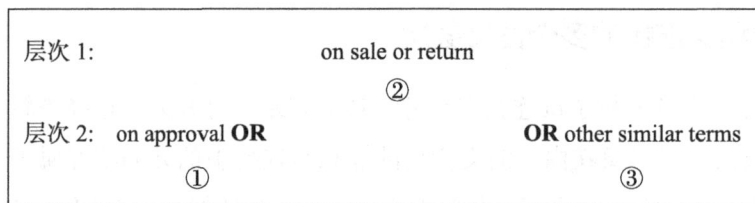

层次 1:　　　　　　　　　　on sale or return
　　　　　　　　　　　　　　　　②

层次 2:　on approval **OR**　　　　　　　　**OR** other similar terms
　　　　　①　　　　　　　　　　　　　　　　③

图 4.3　例 5 中加和类连接的多个层次

五、结　语

鉴于法律文本具有高度的严谨性，相关人员在解读和翻译该类文本时需要格外谨慎。本章以对 CISG 中第 12 条的理解和翻译为例，分析了由 or 连接的加和类连接结构及其后置定语修饰的对象，体现了法律文本的严谨性。该类连接形式上看似简单，实际却有着特定的立意，且容易发生错误解读和误译。

英语法律文本中，由 or 连接表示并列或选择关系的加和类结构遵循特定的行文逻辑，各连接项之间可能存在不同的关系。有的是将同义或近义词并列以增强气势；有的则针对所述主题罗列各种可能发生的事项或行为；或者其中一个加和类连接本身就是固定搭配，其包含的并列项与句中其他由连接资源 or 连接的事项属于不同的语义层次。加和类连接中的并列项可能会出现限定词，其修饰的是连接组合中的一个、几个或是全部，这种情况则需要结合句子、篇章进行整体解读，不可一概而论。对于本章所述的由 or 连接的加和类连接的特性，法律文本的读者或译者要准确把握、客观分析；读者或译者还需具备一定的法律知识，知晓常用的法律概念和专用术语。如此，法律文本或其译文的受众才能正确解读文本作者的意图，理解其深层含义，进而构建文本作者与读者之间的有效交流，最终达到法律类文本的正确解读和信息的有效传递。

第五章

时间条款的类型与翻译策略[①]

　　法律文本具有高度的专业化特点，主要表现在词法和句法两个层面（卢敏，2008：1）。在法律英语研究领域，名词化和情态动词是词法层面讨论的焦点（朱佳，2015：512）；句法层面的研究则主要探讨法律条文中长难句的翻译策略，例如被动句与主动句转换、长句拆译等翻译技巧（汪于祺、祁颖，2018；汤洪波，2016；冯珊珊，2015；楚向群等，2015）。时间概念在文本中具体表现为词语或句子，但是在这两个层面，国内的研究未涉及英语法律文本中的时间概念，这与时间是法律实务中两个最为关键的要素之一的重要地位（朱佳，2015：515）不相称。在对中文法律文本的研究中，少量涉及"时间"主题的研究无一例外是从法律视角出发的，与语言研究无关，如：曹贵乾和蔡东春（1994）将我国早期法律文本中的时间含义做了分类；熊赖虎（2011）从法理学视角阐述了时间和权利这两个要素之间的内在关系，并且由时间的三维特征出发，在哲学层面论证了时间和权利的不可分性。可见，上述讨论多侧重于时间的法律应用，并延伸到了时间在法学范畴的意义指涉。其他法律类论文也多针对某个具体场景讨论权利行使、终结的意义，例如法定时限（柳砚涛，2007；李英、董亚婧，2015）、合理期限在审理中的意义（熊健珩、朱年广，2002；陈妍茹，2015）和专利申请授权时间（黄熊，2015）等。以上文本多结合某类具体应用场景对法律条文中的时间概念展开讨论，缺乏整体视野。

　　时间问题是近现代西方哲学中的核心问题之一。康德第一次在哲学领域

---

① 本节内容原载于《浙江理工大学学报（社会科学版）》2020年第44卷第6期，原标题为《英语商务合同中时间表述的常见类型及翻译策略》，收入本书时有所改动。

发现了时间与人的自由的矛盾，也就是说，时间若是在人之外的客观存在，则人作为时间的一环不可避免地受必然性制约（王宝霞，2007：36）。

在法律研究领域，除了对法定期限等的常规研究以外，相关学术讨论还将时间概念作为一个衡量维度来讨论事件本身，如家庭体罚相关（Lansford et al.，2017）、救护车的响应时间（O'Shea，2015），或以时间序列（time series）为切入点分析其对某类事件的影响，如陪审员的决策（Kette，1990）。涉及时间概念本身的研究依然罕见。Vila 和 Yoshino（2005）从时间表征和人工智能推理研究时间入手，尝试提出了一个新的法律推理时间的表述框架。该研究虽部分论及时间本身，却依然着力于研究个案（人工智能推理）中时间与事件的关联。

由以上梳理可见，国内对法律英语的研究呈现出语言、法律两条线索独立发展的特点。而无论在哪条线索上，法律英语中的时间概念都尚未被纳入研究者的视线。国外对法律中时间概念的研究与所涉事件紧密结合，但未顾及其在语言层面的运用或翻译。尽管在法律文本中时间的提法无处不在，但它们的形式经常被忽视或以特殊方式加以处理。当下无论是在实务领域还是在学术领域，研究英语法律文本中的时间概念都十分必要。出于以上考虑，本章旨在跳出单个法律或法条的束缚，综合法律和语言两个层面，分析各类时间表述方式，总结主流的时间逻辑类型。此外，本章还将结合语言内外的影响因素，探讨时间条款翻译的有效方法和策略。

一、法律文本中时间指涉的意义

法律是人与人之间关系的规范，其中各项权利的行使或义务的履行都要结合特定时间，所以几乎每个法律文本都涉及时间概念。在维普资讯平台中以"法律+日期"为关键词进行搜索，查询所得文章的主题大致包括：法律法规或仲裁公布/生效/终止的具体日期、各类合理或法定时限、案件的执行时间，以及各种特殊权利的日期（如专利申请日等）。

1995 年，J.-C.赫马尔（J.-C. Gémar）将法律文本分为三类：第一类包括法律、法规、判决书和国际公约；第二类包括合同、行政类和商业类表格、遗嘱等；第三类为法学学术类文本（卢敏，2008：6）。本章研究对象为商务合同、招标书等，属于第二类。

民法调整的是平等主体之间的财产及人身关系。合同各方基于身份的对等，寻求对价的均等，实现相互利益的最大化，达成合意的过程往往呈现为一种反复磋商、寸土必争的相互博弈形态（江必新、何东林等，2012：4）。如果合同文本中的权利指向的是财产，其必然依附于时间，因为财产和时间之间有着密切的联系，财产必须与时间在价值上进行合理匹配（熊赖虎，2011：9）。权利持有者及其所指对象展露的权利对时间的依附情况大致分为两类：其一，依时而在，权利是在时间的绵延中被持有和存续的；其二，择时而行，权利是在具体时间点上被实现和终结的（熊赖虎，2011：4）。在法律文本中，时间标记了事情起始、中断、中止、终止等重要节点，无论依时而在或择时而行，都与权利、义务有着密切的对应关系。

二、合同中时间概念的高频使用

时间概念通常用来表示条件的成就，在商务合同文本的期限、终止等条款中尤为集中，在有关保密期限的起止日期、董监高的竞业限制年限、知识产权的保护年限、产品质量保证期，以及附期限的合同生效要件等的条款中也经常出现。

商务合同的语言风格独特，专业性强，语言规范，句式复杂，格式规范（张法连，2014：17）。审限是案件审理要素之一，各个法域对不同层级的审限都有明确规定。在充分体现合同各方意思自治的商务仲裁合同或条款中，资深的国际仲裁专家杨良宜等（2006：5）建议：合同各方对可能涉诉的审限条款应给予足够关注，诸如 "The tribunal must publish the award within × months after the hearing or request by both parties to proceed to an award" 的表述是远远不够的。因为假如 × 设定过短，则很有可能因为实际审理期限超过原仲裁协议的约定，而违反了双方在仲裁条文中的约定时限，进而使一方对超出审限做出的仲裁裁决书是否有效提出疑问。但是假如 × 设置过长，又必然增加涉事方的诉累，商事裁决的时效性无法保证。因此，他建议参考 1996 年英国《仲裁法》，该法 "第 50 条　作出裁决的审限延长"（Section 50 Extension of time for making award）^①规定了"允许仲裁庭或者当事人去向法院申请延长仲裁条文中的时限"（杨良宜等，2006：6）。此外，该法第71（3）条[Section 71（3）]对法院发回仲裁庭要求（全部或部分）重新审理的这类特殊案件，也有着特别的审限规定：Where the award is remitted to the tribunal, in whole or in part, for reconsideration, the tribunal shall make a fresh award in respect of the matters remitted within three months of the date of the order for remission or such longer or shorter period as the court may direct. 这条规定了除三个月的常规审限外，仲裁庭还可以根据法院发回的裁决书去估计案件审结可能需要的合理时间，做出比三个月更长或更短的时限决定。之所以设置如此具体的条款，是因为时间概念非常重要，且涉及面很广。所以，涉外仲裁合同或条款的设计必须结合各涉事方的具体情况，兼顾可能适用法律的相关规定。《北京仲裁委员会仲裁规则》（2019版）第四十八条^②和《中国国际经济贸易仲裁委员会仲裁规则》（2015版）第四十八条^③中也有类似的审限条款。可见，中英不同法域的仲裁法在审限问题上有着共同逻辑，即在常规的时限规定之外，还做出了可以经由申请获批时限延长的灵活设置。

综上，商务合同中时间条款的设计是一项体现实践经验和专业水平、需要统筹规划的思维活动，它不仅体现各涉事方的话语权，有时甚至还可能决定事态（仲裁或诉讼）发展走向。对时间含义的考虑不应限于单一层面，只有对时间指涉的意义和作用有足够的理解，才能准确地翻译合同，确保合同有效履行。

---

① **Extension of time for making award**. (1) Where the time for making an award is limited by or in pursuance of the arbitration agreement, then, unless otherwise agreed by the parties, the court may in accordance with the following provisions by order extend that time. (2) An application for an order under this section may be make made—(a) by the tribunal (upon notice to the parties), or (b) by any party to the proceedings (upon notice to the tribunal and the other parties), but only after exhausting any available arbitral process for obtaining an extension of time.

② 第四十八条　裁决作出期限　仲裁庭应当自组庭之日起4个月内作出裁决。有特殊情况需要延长的，由首席仲裁员提请秘书长批准，可以适当延长。全文参见：http://www.bjac.org.cn/page/data_dl/%E9%99%84%E4%BB%B61.pdf.

③ 第四十八条　作出裁决的期限　（一）仲裁庭应在组庭后6个月内作出裁决书。（二）经仲裁庭请求，仲裁委员会仲裁院院长认为确有正当理由和必要的，可以延长该期限。（三）程序中止的期间不计入上述第（一）款规定的裁决期限。全文参见：http://www.cietac.org.cn/Uploads/201902/5c614d80b051f.pdf.

三、时间条款的类型

曹贵乾和蔡东春（1994）对我国法律条文中各项有关时间规定的条款做了阶段性分类，涉及时间效力、追诉时效等九种条款类别。该分类主要针对赫马尔分类中的第一类法律文本，即法律、法规、判决书和国际条约等。本章则主要研究以合同为主的第二类法律文本，并从时间指涉的权利或义务出发，对该类文本中时间条款的类型进行分类。

（一）立足现时，确定发生法律责任的时间[①]

例1　This Agreement, **entered into as of the date written above**, constitutes the entire agreement between the parties relating to the subject matter hereof and shall be in addition to and not in derogation of the provisions of the Supply Agreement.

译文：在文首载明的日期签订的本协议，构成双方之间关于本协议标的的完整协议，是对供应协议条款的补充而不是减损。（孙万彪，2003：79，84）

例2　Each party undertakes that it shall not **at any time hereafter** make use of or disclose or divulge to any person and such information.

译文：各方承诺，此后任何时候都不得使用或向任何人披露或泄露此类信息。

例3　**During the term of this Agreement and for one (1) year following its termination**, neither party shall solicit for employment directly or indirectly, the other party's employees without a written consent of the other party, to the extent that such restraint is lawful.

译文：在本合同有效期内以及合同终止后一（1）年内，任何一方未经另一方书面同意，不得在合法范围内直接或间接劝诱对方员工与本单位建立雇

---

①　本章例句中未标注出处者均为作者自译。

佣关系。

例4 The obligation of the Investor to make the Investment at Completion shall be conditional upon the fulfillment **on or prior to the Completion Date**, or waiver by the Investor in writing, of the following conditions: ...

译文：投资方在交割时的投资义务应当在交割日或交割日之前满足下列条件，或者由投资方书面放弃作为前提：……

法律具有指引、评价、教育、强制和预测五种作用，其中指引作用最为重要。权利往往通过与特定时间结合的方式来得以实现，既体现了财产权领域确权行为的即时化倾向，又对法律的指引作用做了必要阐释。在为数众多的民事法律行为中，特别是各类企业法人间签订的许多重要的商务合同中，其效力与期限是紧密地联系在一起的（曹贵乾、蔡东春，1994：35）。江必新、何东林等（2012：97）认为，"法律行为依据其延续时间的长短，可以分为瞬间性法律行为和持续性法律行为。瞬间性法律行为在时间上表现为一个时点"。

例1中的时间点表示该立约行为发生的瞬间性，具有静止性特征；例2涉及立约后任何时间，对义务方的限制实质上涵盖该时间点后所有时间；例3中的时间则由两个时间段构成（有效期+合同终止后一年），限定了双方从合同签订直至合同终结后某个特定时间段的权利。例2和例3是典型的限制性条款，合同双方的权利义务关系均始于瞬间的立约行为，且都涵盖一个持续的时间段。例2保密性条款未设定终期，例3劝诱禁止（也称竞业禁止）则设定了一个固定期限。两者的差异体现了合同双方对于劝诱禁止和保密性事项的不同考量。劳动者在得到法律最大保障的同时，也应严格遵守竞业禁止等规定。参考《中华人民共和国劳动法》及相关法律，劝诱禁止条款往往设有一个固定期限，期满之后义务方的竞业限制解除，可自主同行择业。双方也可视所涉秘密等级达成保密性条款的合意，时间限制可能是一个固定期限，抑或是从该秘密的知悉者离职或合同终结后直到永远（终身限制）。例2和例3中的时间限制性条款分别属于开放式和封闭式，是商务合同文本中时间限制性条款的常用形式。例 4 也涉及时间点和时间段的结合，表示某行为发生时一方或双方应具备的条件。例 2 和例 4 同为开放式，即"从某个时间点开始"或"到某个时间点截止"，涵盖了该事件发生之后或之前的所有时间，是时间在同一维度上的单向延伸，究其本质，是权利方可以向后或向前无限追溯的可能性。

（二）制约将来，时间条件满足即触发法律责任

例5　This Agreement shall be automatically renewed for one-year terms thereafter unless and until terminated by either Party thereto by **giving six (6) months' written notice** to the other.

译文：除非一方提前六（6）个月向另一方发出终止协议的书面通知，本协议逐年自动延长一（1）年。（孙万彪，2003：208，214）

例6　The prevented party shall promptly notify the other party of the event or circumstance constituting the Force Majeure，**within fourteen (14) days of its occurrence**.

译文：受阻一方当事人应当在不可抗力发生后十四（14）日内及时通知对方当事人构成该不可抗力的事件或情势。

例7　Special meetings of the Board shall be called at the direction of the CEO or one or more Directors, and for reasonable cause shown, **upon not less than three Business Days' notice** given by the CEO or the Secretary.

译文：董事会特别会议应在首席执行官或一名或多名董事的指示下出于合理理由召开，会议通知应当由首席执行官或秘书至少提前三个工作日发出。

例8　If such failure continues uncured **for a period of thirty (30) calendar days after having written notice of such failure**, then such Limited Partner shall be considered in default and may, in the sole discretion of the General Partner, be designated a "Defaulting Partner".

译文：如果在收到上述关于未出资的书面通知后三十（30）天之内仍然未履行出资义务，则视为该有限合伙人违约，并可由普通合伙人自行决定认定其为"违约合伙人"。

例5是对合同缔约方有权提议终结合同的期限规定；例6规定了合同执行期间不可抗力发生时，负有告知义务的一方向对方告知不可抗力事件、履行告知义务的有效期限；例7涉及公司章程中对相关工作人员召开董事会特别会议需提前发出通知的时间规定；例8规定了未履行出资义务的有限合伙人在收到补缴出资书面通知到被定性成为"违约合伙人"的免责期限。以上4例系涉及尚未发生事件的常见时间条款。

法律的指引作用是指法律通过对权利、义务以及法律责任作出具体规定，对人们的行为产生指导和引领的作用。法律的指引"并不意味着法律对现时生活的琐碎细节规定得详尽无余"（马莉，2009：24），并且法律也不限于对现时行为做出规定。具体体现在合同中，合同文本应具备一定的前瞻性，对有效期间内可能发生的风险做前瞻性假设，并以条款、附件等形式加以限定。在实践中，例5中合同的缔约方不一定会产生终结合同的意愿；例6中不可抗力的发生本身就具有不可预计性；例7中特别会议属于董事会的特例情形；例8中合伙企业中并不必然发生合伙人不履行出资义务的现象，即便发生，该合伙人在收到书面通知后再度拒不履行出资义务的情形亦是鲜见。虽然例5—8中对将来事件的约定是一种预先假设，但假设的法律行为一经发生，有效时间层面上的限制立刻对合同当事人产生拘束力。在论证财产权的将来效力和时间的关系时，熊赖虎（2011：6）认为："从一定程度上讲，效力的将来指向意味着财产权必须对将来的不确定性事件做出回应。在财产权的时间维度中，现在（财产权持有的时间维度）构成了相对于将来（不确定性侵扰事件发生的时间维度）的一种永恒的占先……在时间上占先的财产权，为人们将来的行为方式和不确定性事件的处理，提供了明确的指引和共识性规范。"因此，就合同等法律类文本的研究而言，探讨时间维度中的将来指向对财产权的意义也很有必要。

（三）表示事件发生的频率

例9　All signatories to the Agreement will share equally, **on an annual basis**, the costs for the administration of the Agreement by the Co-ordinating Body Secretariat.

译文：本协议所有签署方应平等分摊并按年缴纳协调机构秘书处为管理本协议所产生的费用。

例10　The Board shall meet **no less frequently than quarterly** at the Company's Principal Office.

译文：董事会应当至少每季度在公司主要办公地点召开一次会议。

例 9 和例 10 是合同文本中时间概念出现的常见情形，其中的时间概念用来定性事件发生的频率：例 9 中的频率为固定值；例 10 中则为最小值，并且由于未限定最大值，故而操作弹性较大，相应地，主体对事件发生频率的把控也比固定值要大。

（四）出现多个时间点的竞合

例11　For three (3) years from the Effective Date or until the termination of this Agreement, **whichever occurs first**, the Licensor agrees to hold back granting third party the right to create, produce and / or exploit an online game ... based on the Film and / or the animation films ...

译文：合同生效起三（3）年或本合同终止之日（以先发生者为准），授权方同意不授予第三方……基于影片和 / 或动画影片创作、制作和 / 或开发网络游戏的权利。

例12　The quality guarantee period of the spare parts after sale is, from the date of spare parts exchange, 1 year or up to the time when the driving distance of the vehicles reaches 60000 kilometers, **the earlier of which shall prevail**.

译文：售后备件的质量担保期为自备件更换之日起 1 年或至车辆行驶里程达到 60000 公里时止，以较早者为准。

例 11 和例 12 中出现了时间点竞合，列举了多个事件可能发生的时间点，明确表示以其中较早或最早发生的为准，定性合同所述事宜，触发相应的权利或义务。该类型的时间表述方式在英语合同文本中有着广泛使用。凡接触过涉外合同的都会对这一行文特色留有印象。虽然在国内实务中使用频率不高，但它似乎更具合理性。较之单个、独立的时间限制，多个时间点竞合更有利于双方的权责制衡，兼顾了时间上双重／多重的可能性，在比较中追求时效性，打破了权责在时间层面的单一限制。它能够启发合同缔约各方拓展思路，更合理地设计其中的时间条款，使合同文本的意思表示明确性和实践可操作性更高。鉴于诸多优势，相信此类表述会在国内实务中获得推广应用。

就此类时间条款的翻译而言，英译汉时需把握重点词语或句式，遵循缔约者的原意；汉译英时需译者借鉴此类经典例句，逆向思考以实现原文和译文的对等。

（五）其他类型

例13　The Vendor represents, warrants and undertakes to and with the Purchaser that each of the statements set out in Schedule A is now and shall **at all times between the date hereof and Completion (both dates inclusive)** be true and accurate.[1]

译文：出售方向购买方陈述、保证和承诺，在附件 A 中所述各条在现在和自本协议之日起至交易完成日（含本协议之日和完成日）的任何时间内均是真实无讹的。（孙万彪，2003：152，158）

例14　Any other claims unrelated to the claim that one party may have against the another, **whether prior to or after the date hereof**, shall not be affected or

---

[1]　译文可改为：卖方向买方声明、保证并承诺，从本协议签订之日起至完成之日（包括上述两个日期在内），附件 A 中所列的每一项声明都是真实和准确的。

otherwise prejudiced by this agreement.[①]

译文：但一方在本协议订立之前或之后向另一方提出的与本主张无关的任何其他主张，则不受本协议的影响，亦不因本协议而受到损害。[②]

例15　**From and after the date of this Agreement**, party A shall, and shall cause its affiliates and successors to, use the same efforts to maintain the confidentiality of any Confidential Information as Party A used to maintain the confidentiality of such information prior to the date hereof.

译文：自本协议签订之日起及其后，甲方应尽力并应促使其关联公司或承继人尽力对机密信息进行保密，一如其在本协议之日前为该等机密信息保密。（孙万彪，2003：43-44，52）

例13中两个时间点（起点+终点）构成了一个相对闭合的时间段；例14则恰恰相反，"本协议订立之前和之后"涵盖了除协议日之外的所有时间，这类在时间维度上同时向两个方向延伸的情况相对少见，凸显了"协议订立"之日的重要性；例15与例2类似，表示特定时间点之后的一个时间段，区别是例15中两个介词叠用（from and after），强调"该时间段涵盖此特定时间点"，明确表示the date应纳入该有效期限内，体现了英语法律文本行文的精确性特点。

有别于赫马尔分类中第一类法律文本（法律、法规、国际公约等）中的法定期限，商务合同中出现的时间多为合同双方约定的，是双方妥协的产物，更多地体现了意思自治。但是即使不是法定条款，这种意定的时间限制同样具有法律效力和意义，也需遵循法律语言逻辑严谨的行文特点。

四、时间概念的翻译策略

综上所述，时间概念在商务合同中极为关键，关系到单个甚至系列合同的合理性和可操作性，对其的解读和翻译，失之毫厘便会谬以千里。法律等

---

① 本例为有道词典中 any ... hereof 的一个例句。
② 句中 claim 的意思可以是"主张""要求""索赔"等，具体情况需要结合上下文，此处暂译为"主张"。

信息类文本的译者应具备良好的语言功底、深厚的法律知识、举一反三的能力。译者不仅需要在语言上下功夫，有时甚至需要突破语言本身，从语言外的因素着眼。译者可以在翻译实践中适当选择运用以下三种翻译策略。

（一）使用复合副词

法律文本中不可避免地存在具有严谨语法功能的中古英语词语（卢敏，2008：97），时间概念的表达中也不例外。时间概念中的中古复合副词因其简洁、精炼、紧凑，一定程度上使法律文本实现了逻辑严谨、结构简洁的效果，另一方面却难免使句子晦涩难懂；它和专用术语、词汇重复、抽象名词等一起，常常被认为是造成英文法律句子艰涩、拗口的主要原因，一度深受诟病。

基于历史原因，法律英语中的外来词主要来源于拉丁语和法语词汇（张法连，2014：6）。当今英美国家倡导简单英语运动，不鼓励在法律英语中使用生涩难懂的词语，如拉丁语词 in camera（不公开审讯）被建议用简单易懂的 closed session 代替。拉丁语词汇在法律英语中常充当具有独立意义的名词或介宾结构，引入简单易懂的替代词具有较高的可行性。而和时间概念结合使用的复合副词，因其在句子中独特的连接作用以及高度符号性等特征，很难找到可与其媲美的替代性表达，并且正是这种特定的词汇和/或标记提高了文本的法律地位和法律特征（古德里奇，2007：175）。因此，复合副词与时间概念结合使用是法律英语中极具特色的语言现象（如例 1 中的 hereof、例 2 中的 hereafter）。在英译中时，译者应该关注该类语言现象，在译文中体现与原文时间概念一致的精确性；中译英时，译者应该有意识地适当使用这些复合副词，以确保译文的文体性特征。

（二）巧用标点符号

从语用的角度来看，商务合同中许多时间状语强调了某一缔约方必须在何时何地承担某一义务和享有某一权利，即实效性。因此，整个句子的重点不是句子的动词，而是动作发生的时间（雷彦璋，2013：21）。有时，时间状语并非以独立形式存在，而可能涵盖多个层面的内容；英译汉时，对长句合理断句以及引入恰当的标点符号是有效表述复杂时间概念的可行方法，如例 16、例 17 和例 18。

例16　You are summoned to appear and answer this action in the Court named above by filing and Answer along with the required answer fee **within twenty (20) consecutive days** from the service of this summons, **not including the day of service.**[①]

译文：你已被本法院传唤，请于本传票送达之日起的连续二十（20）天内（不包括送达当日）到上述法院出庭并进行答辩，同时需提交答辩状并缴纳所需的诉讼费用。（张法连，2014：201）

例17　If any document shall not be challenged by the Party B **within ten Days (Sunday excepted)** after it shall have been presented to the Party, the same shall be an agreement or acceptance, in like Manner as if the document had been signed.

译文：如任何文件在送交乙方后 10 日内（星期日除外）未收到异议，则该文件应视为协议或接受，效力等同于实际签署。

例 18　Subject to the terms of allotment, the Directors may from time to time make calls upon the Members in respect of any money unpaid on their shares and each Member shall **(subject to receiving at least 6 calendar days' notices specifying the time or times of payment)** pay to the Company at the time or times so specified the amount called on his shares.

译文：在遵守配发条款的前提下，董事可不时向股东催缴其所持股份的任何未缴款项，而每个股东应在规定的时间向公司支付所催缴的股款，前提是该股东应至少提前 6 个日历日收到有关付款日期的通知。

---

① 原书中本例为汉译英，中文为"你已被本法院传唤，请于接到本传票之日起 20 日内到本院出庭"。例 16 是原书作者对英文原译的改译，改译后的英文句子综合考虑了日期书写的完整性（使用了"文字＋数字"的表述形式）和表述的准确性（"不包括送达当日"），也顾及了被告答辩时需履行的提交答辩状、缴纳诉讼费用等义务。本章结合其英文对中文译文做了适当修改。

例 16 原文将 not including the day of service 处理成句子的补充成分，与主干部分用逗号分隔；例 17 原文将 Sunday excepted 放置于主要时间后面的括号内。相比例 16 用逗号分隔，例 18 原文用括号使得补充时间与主要时间之间的联系在空间上更为紧密。作为主要时间的附加，这部分内容虽非语法上的主要成分，在意思上却不可或缺：其一定程度上体现了文本源语国家的制度和文化，抑或构成所述事件的一项特例，反映立法／立约逻辑对该时间的特殊考虑。例如，例 17 将星期日排除在外，旨在保证相关人员在该天享受假期的法定权利。

上述表述都出现了两个时间点／段，有别于前文多个时间点的竞合的情况，例 16-18 原文中两个时间之间的逻辑关系系主次关系。由于次要部分的时间需依附于主要时间，故在行文中可以考虑使用表示添附、补充的标点符号（诸如括号、破折号、逗号），如例 18 将包含时间的限制性成分放在一组括号内，并插入情态动词 shall 与动词 pay 中间。由于添加了标点符号，英语原文在空间上实现了句子间的隔断和层次的划分，同样也使意思层级之间的关系明晰。翻译时可以遵循源语文本的思路，在补充的时间概念处另行断句。同时，译文应在正确理解原文行文逻辑的基础上，结合译文的语言习惯，做到言简意赅、不遗漏任何内容。如例 16 中补充的时间状语，被译为前置的限制性时间状语"本传票送达之日起的连续二十（20）天内"，远比在主要时间"二十（20）天"后添加"收到传票日除外"的表述更加自然、明确，且符合中文的语言习惯以及法律行文的措辞习惯。

掌握了该项翻译策略之后，在中译英时，译者仅需分辨主次信息，抓取核心内容，搭建英文的句子框架，将次要的时间概念借助特定的标点符号体现，以实现英文文本形式上的完整和简洁，并凸显句子主干结构。在英译中时，如果采用源语文本中标点符号能够达到清楚的表意，则可以保留源语文本的形式（例 17）；必要时，也可以不拘泥原文的框架结构，将次要部分译为起限制、修饰作用的前置形容词，使其与被修饰对象整合（例 16），如果修饰成分过长，则可以断句处理，将次要部分后置，以实现中文译文通顺、自然、达意的表述效果（例 18）。

（三）熟悉文化习惯

例19　The EOI document particulars enclosed as in (i) above must be delivered; by hand and placed in the Tender Box, or by Registered Post to the address given below, **at or before 1400 hours on Wednesday 28th October 2016**.

译文：如上所述，随附的意向书文件详情必须亲手递交并放入投标箱，或通过挂号信邮寄至以下地址，时间不得晚于 2016 年 10 月 28 日（星期三）14 时。

例20　Bid must be delivered to the address below **at or before September 21st, 2016 2:00 pm local time**.

译文：投标书必须在当地时间 2016 年 9 月 21 日下午 2:00 或之前送达以下地址。

上述两例摘自两个不同国家的建设工程邀请函，均来自笔者的实务案例；此处讨论的焦点与意向书投递或投标的截止日期有关。例 19 中的建设工程已被明确列为该国优先发展项目，拥有国家背书，函件具有高度时效性。若将其中的 1400 hours 译为 1400 个小时既不符合招投标实务，又有悖于逻辑常识。因为根据上下文，中方于 10 月初收到该邀请函，如果将 1400 个小时换算成天数已然大于 58 天，那么"早于 10 月 28 日的 1400 个小时"，意味着中方文书投递的截止时间早于收到邀请函的时间。相比之下，例 20 的日期表述更符合常规且易于理解。实际上，1400 hours 并非一个延续性时间段，而是一个具体的时间点，应为当天的 14 点。

此外还需要特别注意"不得晚于/迟于……"是对某事件截止时间的明示，可直接译为"截止日期/时间是……"。在语义层面，例 19 和例 20 中的介词词组 at or before 等同于 not later than，有严谨的时间指涉，囊括了介词词组后某个时间本身。相比之下，"before/after+某个时间"则排斥了介词后的时间点。两者所指的时间意义有较大差异，对其的理解和翻译需谨慎。

例 19 的原文对译者的启示是，在文本的源语国家，时间有时可表述为 4 位阿拉伯数字的形式，整点则可在后面添加 hours 一词，且表示时钟与分钟的阿拉伯数字间无任何隔断，而世界通用的时间表述方式则是在两者之间插入冒号（如12：34）。这便要求译者熟悉源语国家的文化背景。事实上，对源语文化的把握往往在每一次翻译实践中都具有唯一性，这就要求译者需具备全局观和本土化意识。虽然涉外法律实务中，从业者往往会在项目的目的国家/地区寻找当地律师完成尽职调查、适用法律查询、事实考证，甚至出庭答辩等工作，但是对当地文化的经验积累将有助于其在对时效性有着较高要求的国际法律事务中有效地洞察先机。

以上，笔者探讨了语言层面的翻译方法。综合而言，译者应该在实践中有效地利用双语字典等工具，在对翻译策略和方法进行总结的同时，不断地积累法律、文化知识，做到语言、文化和专业知识的融合。

五、结 语

时间作为法律文本中限定权利义务的要素，贯穿于权利、义务的起始、存续、终结等各个阶段。本章摘录了翻译教材中的例句和笔者法律翻译实践中的案例，对英文商务合同中时间概念的类型做了初步分析和总结，同时论及了翻译时间条款时需要关注的因素和可行方法。

本章以对时间的思考为主题，开启了法律英语研究的一个窗口。鉴于时间概念的重要地位，其研究远不应止步于此。在中外交流不断加深的国际大背景下，合理设计、准确解读和翻译合同文本这类法律文本，已成为一个需要攻克的重点和难点；同时，法律英语中的时间要素也像一个富矿，值得学术界和实务界深挖。

第六章

一致性原则：以MCAA国家税务总局译本为例[①]

税收是国家经济运行中的常用杠杆之一，也是国际金融领域利润分配与调节的主要手段。

国际税收标准主要有金融账户涉税自动交换信息（Automatic Exchange of Information，AEOI）和根据要求交换信息（Exchange of Information on Request，EOIR）两个层面。在2014年经济合作与发展组织（The Organisation for Economic Co-operation and Development，OECD）发布的《金融账户涉税信息自动交换标准》（Standard for Automatic Exchange of Financial Account Information in Tax Matters）包含两个核心机制：《金融账户涉税信息自动交换多边主管当局间协议》（Multilateral Competent Authority Agreement on Automatic Exchange of Financial Account Information，MCAA）规范国家间的合作程序，《统一报告标准/共同申报准则》（Common Reporting Standard，CRS）规范一国税务主管部门通过该国金融机构获取满足MCAA交换要求的信息的程序。简而言之，金融机构根据CRS将搜集来的信息报告给国家税务机关，国家税务机关通过MCAA进行信息交流。CRS与MCAA共同搭建起AEOI的基本操作框架。

2015年12月，中国正式签署了MCAA和CRS。2018年9月，中国正式开启CRS对外金融信息交换工作。国家税务总局在官网陆续发布了有关CRS的政策性文件和相关新闻。2017年5月18日，国家税务总局官网"税收政

---

① 本章内容原载于《浙江理工大学学报（社会科学版）》2019年第42卷第3期，原标题为《论法律文本的一致性原则及其对翻译的启示——以MCAA国家税务总局译本为例》，独立撰写，收入本书时略有改动。

策"项下的"税收条约"栏目发布了MCAA的英文版本及中文译文①，该协议包括八章正文和六个附件（见附录2），为相应的研究提供了参照文本。

CRS和MCAA作为AEOI的两项核心机制，是适用于国际税收综合监管事项的国际标准和协议。但国内学界对CRS和MCAA的关注和研究较少，即使有文献，也多从税收政策与管理的角度探讨（如：普洛斯等，2015；普洛斯，2016；李旭红、刘锋，2017），尚无从语言层面对相关源语文本的解读。本章从翻译的角度出发，以一致性原则为依据，讨论MCAA中译本中的一个定义条款，体现一致性原则对法律文本翻译的启示，以期为法律文本的翻译提供借鉴。

一、研究对象

法律语言学家萨尔切维奇（Sarcevic，1997）依据法律文本的功能，将其分为三类，即以规范性功能为主的文本（法规、法典、合同、协议、条约和公约等），以描述性功能为主而兼有规范性功能的文本（例如司法决议、申诉书、判决书等），以及纯描述性功能的文本（例如法律论文、教科书等）。MCAA属于第一类。与国内法范畴的立法行为代表国家意志不同，国际条约、协议订立的目的与商事合同相仿。MCAA实质上是在国际金融事务中平等主体之间订立并允诺遵守的"合同"，目的是保障国际税收监管等事务正常开展。与合同一样，国际条约、协议也根据各方需求订立，并精心设计条款。一旦有条款执行不当，具有管辖权的法院或者仲裁机构就需要判断其中条款的意思，此时合同有效文本作为"双方选择使用的外在的客观表达"（宋北平，2012：83）就是定分止争的主要判断标准和依据。

与合同类似，国际条约、协议通常涵盖以下主要部分：订立各方（parties）、订立目的（purpose）、权利义务（rights and obligations）、期限及终止时间（term and termination）、订立时间和地点（date and place）。为了保证标准统一，以及最大程度地避免因文字理解差异而产生不必要的争端和摩

---

① 国家税务总局.金融账户涉税信息自动交换多边主管当局间协议（中译本）[EB/OL].(2017-05-18)[2024-07-01]. https://www.chinatax.gov.cn/chinatax/n810341/n810770/c2620245/content.html.

擦，国际实务中通常在通用条款伊始设置"定义"章节。体现文本严谨性的术语"定义"是各方先于具体条款达成的共识，翻译时更加需要谨慎处理。

MCAA第一章"定义（Definitions）"第一条给出了"辖区（Jurisdiction）"、"主管当局（Competent Authority）""辖区内的金融机构（Jurisdiction Financial Institution）""报送信息的金融机构（Reporting Financial Institution）""需报送的账户（Reportable Account）"、统一报告标准（Common Reporting Standard）等核心术语的定义；第二条则对协议中可能涉及但没有在第一条中出现的术语统一说明。

第二条的原文如下：

① **Any capitalised term** not otherwise defined in this Agreement *will have the meaning that it has at that time under the law of the Jurisdiction applying the Agreement,* such meaning being consistent with the meaning set forth in the Common Reporting Standard. ② **Any term** not otherwise defined in this Agreement or in the Common Reporting Standard *will*, unless the context otherwise requires or the Competent Authorities agree to a common meaning (as permitted by domestic law), *have the meaning that it has at that time under the law of the Jurisdiction applying this Agreement*, any meaning under the applicable tax laws of that Jurisdiction prevailing over a meaning given to the term under other laws of that Jurisdiction.①

OECD官方语言为法语和英语，MCAA文末也写道："Done in English and French, both texts being equally authentic."（协议用英文和法文写成，两种文本具有同等效力。）法律翻译分为权威性翻译（authoritative translation）和非权威性翻译（non-authoritative translation）两大类型。其中，权威性翻译是指经国家立法机关通过并生效的法律译文；在非权威性翻译中，由政府组织进行的翻译被称为官方翻译（official translation）（宋北平，2012：59）。此处的"国家立法机关"或"政府组织"均是国内法范畴中的概念。MCAA由政

---

① 本章原文和译文中序号、斜体、粗体等标注均为笔者所加，以示区分和强调。

府间国际组织通过并生效，主体为国际机构OECD。遵循此逻辑，MCAA若存在官方中文版本或译文，则应该由OECD发布。截至目前，MCAA没有官方中文版本或译文。中国国家税务总局官方网站的MCAA中文版本既非权威性翻译，亦非官方翻译；确切地说，其性质为某成员国为普法宣传或业务交流提供的译文。中国国家税务总局官方网站提供的MCAA第一章第二条的译文如下：

①本协议中没有另行定义的大写字母术语，其含义将与本辖区适用于本协议的法律中的含义保持一致，也与统一报告标准规定的含义一致。②本协议以及统一报告标准中均未另行定义的术语，除非上下文另有要求或主管当局一致同意采用其他通用含义（由国内法所允许），应当使用本辖区在实施本协议时的国内法项下的含义。本辖区税收法律下界定的术语含义，优先于本辖区其他法律中的定义。

笔者认为以上译文存在指代不一致及概念混淆等问题。因此，本章将MCAA第一章第二条作为研究对象，并结合协议第六章（Section 6）和第七章（Section 7）中与研究对象相关的条文原文及译文，从翻译一致性原则的角度分析研究对象中定语从句和情态动词的翻译情况，为法律文本的翻译实践提供可行性建议。

二、行文和翻译中的一致性原则

（一）一致性原则

"语篇连接是语篇的组织方式，也是意义的联系纽带。"（王振华、吴启竞，2017：12）在语篇连接层面，一致性是各类文本都应遵循的行文准则，也是指导文本研究的一个重要方法。法律文体高度简练和格式化，对一致性的要求更为突出。在法律翻译方面，张法连较早地归纳总结出了准确严谨、清晰简明、前后一致、语体规范四大原则。其中前后一致原则是指在法律翻译的过程中用同一法律术语表示同一法律概念的原则（张法连，2009：75）。

鉴于"法律文体的行文中，无论是在原文的写作还是翻译中，所用的词汇及句型的重复率都是非常高的"（张法连，2009：75），在法律文本的撰写和翻译中应充分贯彻和遵循一致性原则。周领顺（2005）、卢敏（2008）、李淑康等（2016）及其他学者在论述法律文本翻译标准时也同样强调了适用该原则的重要性。

（二）MCAA中译文中一致性原则的体现

综观MCAA原文和译文，一致性原则在多处得到了体现，如MCAA的第六章第二条和第七章第四条的英文原文和中译文：

原文：SECTION 6 Consultations and Amendments

...

2. This Agreement may be amended by consensus by written agreement of all of the Competent Authorities that have the Agreement in effect. Unless otherwise agreed upon, such an amendment **is effective on the first day of the month following the expiration of a period of one month after the date of** the last signature of such written agreement.

...

译文：第六章 协商与修订

......

二、所有主管当局可以通过书面协商一致的方式对本协议进行修订。除非另有约定，修订后的条款应当自书面协议最后签字方签署之日起一个月后的次月第一天起生效。

原文：SECTION 7 Term of Agreement

...

4. A Competent Authority may terminate its participation in this Agreement, or with respect to a particular Competent Authority, by giving notice of termination in writing to the Co-ordinating Body Secretariat. Such termination will **become effective on the first day of the month following the expiration of a period of 12 months after the date of** the notice of termination.

...

译文：第七章 本协议的期限

……

四、签署一方的主管当局可以书面通知协调机构秘书处终止参加本协议，或终止针对某一特定主管当局的协议。此类终止将于发出终止通知之日起十二个月后的次月第一天生效。

以上两个例句均包含时间概念，两句中的英文原文 "... be (become) effective on the first day of the month following the expiration of a period of ...",在译文中均处理为：……之日起某个月后的次月第一天生效。无论是原文，还是国税总局提供的译文，在各自范围内均体现了意思表达的一致性。究其原因，这很大程度上是因为时间类表述的指向具有唯一性和明显的标记性，使译者无法忽视源语文本中措辞的一致性，并最终在目的语中予以体现。

（三）MCAA 中译文对一致性原则的忽视

再回到本章的研究对象 MCAA 第一章第二条中的两个句子，其主要结构均为 "Any ... term not otherwise defined in this Agreement ... will have the meaning that it has at that time under the law of the Jurisdiction applying the Agreement ...",其句式和核心词语完全一致。国税总局的中译文却忽略了这点，具体表现为：（1）后置定语从句的译文不一致；（2）情态动词与谓语动词的组合 "will have" 的译文不一致。笔者对 MCAA 第一章第二条原文、译文的结构拆分如表 6.1 所示。

表 6.1　研究对象的结构拆分

成分	英文原文（句①、句②）	国家税务总局提供的中译文	
		句①	句②
主语	Any ... term not otherwise defined in this Agreement	本协议中没有另行定义的（大写字母）术语	本协议……均未另行定义的术语
谓语	will have	将与……保持一致	应当使用
宾语	the meaning	含义	含义
后置定语从句	that it has at that time under the law of the Jurisdiction applying the Agreement	本辖区适用于本协议的法律中的含义	本辖区在实施本协议时的国内法项下的含义

（四）后置定语从句的翻译

"法律英语的句法特点和法律英语的文体特征密切相连，正式的法律条规和文本中由于对中心词的或对某一法律概念成立的条件限定很多，所以法律英语长句多，短句少。"（董晓波，2012：83）长句一方面可以准确界定权利和义务、降低理解过程中歧义发生的可能，另一方面却给文本的解读和翻译带来了不少障碍。MCAA第一章第二条就包含此类长句，下文首先对其中的后置定语从句进行分析：

that	it	has	at that time	under the law	of the Jurisdiction	applying the Agreement
	①主语	②谓语	③时间状语	④介词短语	⑤定语1	⑥定语2

句中that是引导词；it是从句的主语；has是从句的谓语，译为"含有，具有"；at that time是时间状语，译为"当时"；under the law是介词短语，译为"在……法律下"；of the Jurisdiction是定语①，译为"该法域/辖区的"；applying the Agreement是定语②，译为"适用本协议的"。句子核心是It has (the meaning) under the law ...，大意为"该术语适用于……法律下的含义"。MCAA第一章第二条的句①和句②都使用了这个后置定语从句，但译文对这一从句的处理却大相径庭。

句 1 的译文：	本辖区	适用于本协议的	法律中的含义
	⑤ +	（⑥ +	④）

句①的译文未体现③时间状语at that time，意思有所残缺；且译文将重心置于"适用于本协议的法律"，认为⑥"适用本协议的"和④中的"法律"关系更紧密，把⑤"本辖区"边缘化，充当前置定语。依据修辞成分与中心词关系的密切程度排列，该句译文结构为⑤（⑥④），且③缺省。

句 2 的译文：	本辖区	在实施本协议	时的	国内	法项下的含义
	[⑤ +	（⑥ +	③）]	（⑤ +	④）

句②的译文将⑤of the Jurisdiction再现了两次：分别与⑥、④中的法律（law）关联。译文首先肯定了原文中空间距离最近的两个后置定语（⑤和⑥）之间的紧密关系；与中心词④的联系也是在⑤和⑥结合基础上得以构建的；并且将⑥与时间状语③结合，处理成一个由⑥限制的时间状语。其次，再次使用⑤of the Jurisdiction，并将其与④的核心成分"the law"结合，将两者组合

成了一个新的概念"the law of the Jurisdiction"，并将其明确译为"（该辖区的）国内法"。在国际法范畴内，jurisdiction指辖区、国家（或地区）；也可以指司法权、管辖权。回顾MCAA第一章"定义"部分，第一条的八大术语中第一个便是"Jurisdiction: means **a country or a territory** in respect of which the Convention[①] is in force and is in effect ..."，故英文 the law of the Jurisdiction（④+⑤）正是句②译文体现的"（该辖区的）国内法"。

从严格意义上讲，同一个词语翻译两次，且分别结合不同内容进行翻译的情形并不多见；但结合上下文，这样的操作将概念所指内容明确翻译了出来，且并未造成概念的缩小或放大，应视为正确翻译。至于译文的受众是否应该具备深层解读文本的能力，抑或译者是否有义务将概念所指涉的内容在译文中全部再现，限于篇幅限制，本章暂不讨论，但仅从句②该部分的译文来看，译文对中心词"the law"的意思把握正确。

国税总局MACC中译文中第一章第二条句①"本辖区适用于本协议的法律"（忽略译文中时间的缺省）与句②中"实施本协议时的国内法"，在字面便产生了指涉差异：句①中的法律指笼统意义上的"法律"，句②则是具有明确内涵与外延的"国内法"。同一条款的上下两句译文在术语的翻译上存在差异，容易增加译文受众的理解负担，无形中也扩大了译文文本在执行中产生风险的可能性。如果在第一章"定义"便存在意思出入，"定义"的作用岂不与最初设置该章的立意南辕北辙？

国税总局MACC中译本对同一章同一条的前后两句话的定语从句翻译不一致，原因或在于译者仅限于对长句内部结构关系进行耙梳，而忽略了前后两个句子句式一致的事实，这实属不该。译者将两个句子分割并逐句翻译时，对长句中的定性关系的把握也出现了偏颇。法律文本的长句往往含有多个分句、定语、状语等附加成分。词组是构建句子的要素，"词组的意义取决于词组内部词与词的关系，如果忽略了这个关系，就可能失范"（宋北平，2012：264）。英文原文出现了两个区分词组之间逻辑关系的标记——表示从属关系的介词of和表示限定性的分词结构，该部分的逻辑关系如图6.1所示，由此

---

① "the Convention"指本协议（MCAA）。

判断句 2 中该部分的译文正确。

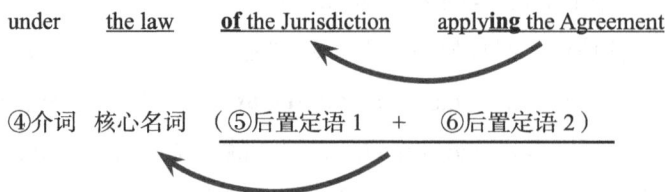

under   the law   **of** the Jurisdiction   apply**ing** the Agreement

④介词　核心名词　（⑤后置定语 1　＋　⑥后置定语 2）

图 6.1　句内逻辑关系

（五）情态动词 will 的语义及翻译

法律英语的一个显著特征是情态动词的使用。本章的研究对象中便出现了情态动词 will，对该词的不同翻译也是两句中文译文的主要差异所在。单纯比较在法律文本中的使用频率，will 的频率远低于 shall。"代表义务性的'应当'（shall）一词在法律文本中的出现频率非常高。"（维茨扎克–皮力西尔卡，2017：168）在研究法律文体中情态动词使用的论文中，对 shall 的研究就占据了大幅篇章，而 will 仅被当作 shall 的参照物，即使有所论及也仅是一笔带过。在对中国法律法规语汉英平行语料库的情态动词研究中，will 出现的频率居于第五位（和情态动词 can 持平），前四位分别为 shall、may、must、should（彭双花，2013：116）。

结合本章的研究对象，分析 will 在法律文本中的应用，首先可以从语法层面着手。夸克等人（1989）主张情态包含诸如"意愿（volition）""或然性（probability）"和"义务（obligation）"等概念，并且根据情态动词的意思，将其分成了三类，will 被列为第三类，如图 6.2 所示。随后，夸克等人（1998）在语义层面分别对情态动词 will 表示"意愿"和"预测（prediction）"的用法做了进一步总结，如表 6.2 所示。

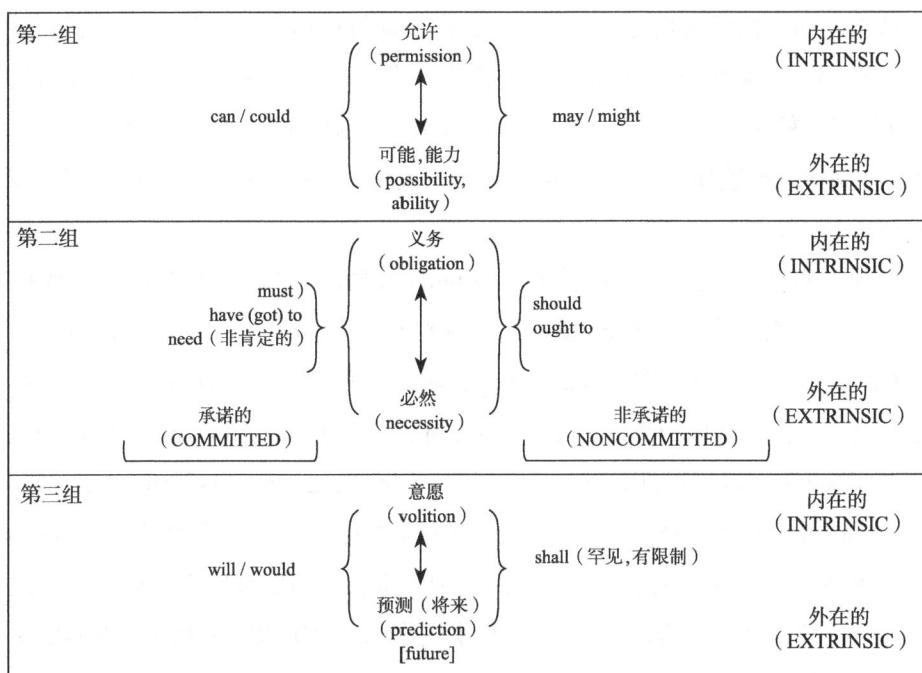

图 6.2 情态动词的意义和分组（夸克等，1998：297）

第一组		
can / could 〔 允许（permission）⇕ 可能，能力（possibility, ability）〕 may / might	内在的（INTRINSIC） 外在的（EXTRINSIC）
第二组		
must）have (got) to need（非肯定的）〔 义务（obligation）⇕ 必然（necessity）〕 should ought to 承诺的（COMMITTED） 非承诺的（NONCOMMITTED）	内在的（INTRINSIC） 外在的（EXTRINSIC）
第三组		
will / would 〔 意愿（volition）⇕ 预测（将来）（prediction）[future]〕 shall（罕见，有限制）	内在的（INTRINSIC） 外在的（EXTRINSIC）

表 6.2 情态动词 will 的含义（夸克等，1998：306-308）

表示"意愿"	表示"预测"
intention 意图	1.The common future predictive sense 通常预测将来的意义
willingness 愿意	2.The present predictive sense 预测现在的意义比较罕见，其意思类似于在"逻辑上必要"意义的 must，可理解为 "it is (very) likely that ..."
insistence 执意	3.The habitual predictive sense 预测习惯的意义（常常出现在条件句或无时间的预测性陈述中、对于个人习惯或典型行为的描述中）

在对情态动词分类时，夸克等人（1998：297）将 will / would 和 shall 列为一组（图 6.2 中第三组），说明两者意思较近；在讨论 will 表示"预测"时，又明确指出：will 表示"对现在的预测（比较罕见）"，在"逻辑的必要"上相当于 must。其对 shall 还做了如下注释："shall 的另一种受限制的、用于第三人称主语的用法，见于法律或准法律论述中，以及用来制定规则或法律条文。这时，shall 在意思上接近于 must。"（夸克等，1998：310）既然 will 和 shall 同

为情态动词,且语义相近,在特定场合含义都与must等同,我们可以据此推断:在法律文体中,will和shall意义接近,在逻辑上都体现必要性,区别是will使用得较少。此处可以根据夸克等(1998)对shall的解释,得出如下结论:在法律或准法律语言中,will是与第三人称主语配合使用的情态动词,表示逻辑的必要性。

国内对法律英语文本中情态动词will的研究寥寥,说明在该类文体中will并非主流用词。在涉及will的少量文献中,刘瑜(2013:355)认为情态动词will在三个法律用词(shall、may、will)中"语气和力度最弱,表示将来应作"之意,并举例:The admission of any such state to membership in the United Nations will be effected by a decision of the General Assembly upon the recommendation of the Security Council.刘瑜(2013:355)给出的译文为:接纳任何上述国家为联合国会员国,应经安理会推荐,由联合国大会做出决议后生效。因此,笔者认为,will表示"将来应作",译为"将";翻译时按照中文的表达习惯可以翻译为"应,应该"。

暂且不论上述观点正确与否,仅从其译文来看,刘瑜的译文最终排除了其最初主张的will具备将来时的属性("将来应作"),将其译为"应",保留了情态动词的义务性和必要性语义,但在强度上要弱于shall。此处will表示对事件的发生做出高度必然性的推测。对该句中will的最终解读结果已经接近夸克等所作"will表示预测"的分析,且逻辑上相当于"it is likely to ...",必要性上接近于must。故刘瑜所述will表示"将来应作"的论断在法律文本中稍欠合理。法律文本中will体现的预测更倾向于针对现在(体现即时性),并非针对较远的将来。甚至有学者指出,"在法律英语中,义务性情态动词与将来时的界限是模糊的,或者可能不存在这个界限"(维茨扎克-皮力西尔卡,2017:180)。

帕尔默认为,"情态动词在语法上并不仅仅或首先不同动词发生关联,而是同整个句子发生关联"(转引自:维茨扎克-皮力西尔卡,2017:170)。因而,理解will在句子中的意义,应突破其与动词联系的局限,而从整个句子层面分析。MCAA第一章第二条的两个句子主干都是"Any ... term not otherwise defined in this Agreement ... **will** have the meaning ...",情态动词will

本身具有将来时和义务性的语义，哪个与本句的语义基调更契合呢？国税总局的译文对原文的处理如下：

句① 本协议中没有另行定义的大写字母术语，其含义将与……的含义保持一致。

句② 本协议……均未另行定义的术语……应当使用……的含义。

很明显，前后两句译文中will的译法不一致。从语义上看，句①的译文凸显"将来应为"之意，句②的译文则侧重"义务性"之意。根据前文所述，对法律文本中will的理解和翻译应该淡化其将来的特性。因此，句中的will建议译为"应，应当"，而不是带有将来时特征或者个人意志性特征的"将"。

综合语篇一致性原则以及情态动词will在法律文本中的含义，MCAA第一章第二条建议翻译如下：

本协议中未另行定义的大写字母术语，其含义应当适用该辖区在实施本协议时的国内法项下的含义，且与统一报告标准规定的含义一致。本协议以及统一报告标准中均未另行定义的术语，除非上下文另作要求或获主管当局（经由国内法）一致同意，其含义应当适用该辖区在实施本协议时的国内法项下的含义，且该辖区税收法律界定的术语含义优先于该辖区其他法律中的含义。

三、一致性原则对法律翻译的启示

"法律文件具有高度的严肃性和严谨性，法律翻译必须不折不扣、准确无误地译出原文。"（张法连，2009：72）"应该以紧扣原文文意的准确表达为宗旨"（陈小全，2016：118），忠实于原文通常被认为是法律翻译的首要标准。笔者认为，翻译法律文本应首先尊重原文，以直译为主，注意结合原文的语言特点，使译文体现出与原文一致的文体特征。

法律文本内容多重复，正式程度越高的法律文本，所用词汇及句型的重复率越高（张法连，2009：75）。在解读和翻译法律文本时，译者应关注文本在词汇、句子、语篇等层面的一致性原则，对文本做整体把握和统一规划。

法律文本多长句,通过对国家税务总局提供的MCAA中译文的讨论和分析,不难发现,在面对长句时,译者在解读原文或译文形成环节容易受到句子篇幅等因素的干扰而忽略一致性原则。法律文本多用情态动词,同一个篇章使用的情态动词数量有限且意思固定。译者需要准确把握情态动词的语义,最大程度地传达其在源语文本中的意思。情态动词的语义和使用在法律文本中亦应遵守一致性原则,源语文本中相同的表达翻译时应统一措辞。

一致性原则是法律文本行文和翻译的重要原则,但在很多情况下却因某些原因而被忽略。然而,恰恰也是这个原则为我们提供了一种可以检验法律文本撰写和翻译质量的标准。

四、结　语

本章对照MCAA英文文本,分析了国家税务总局提供的MCAA中译本中的第一章第二条,论述了法律文本中体现的一致性原则。

法律文本的权威性翻译本身具有法律效力,正确性不容置疑;其官方译文由颁布该文本的主体提供,正确性也相对有保障。但是,这并不意味着非权威性的翻译或非官方的译文可信度较低。但无论是涉事主体,还是文本的读者或译者,都应该带着审慎的态度看待各类译文文本,并且注意与源语文本对照使用。如果国际事务中重要的外文文本缺乏权威性翻译或官方中译本,国家相关机构可能会提供译本以供参考。涉外法律文本的翻译要求高、时效性强,相关部门应该认真对待源语文本,小心求证,以保证译文文本的质量,为国家和公民的合法权益保驾护航。

第七章

泛娱乐行业IP文献翻译[①]

　　"泛娱乐"的概念于2011年在我国首次由腾讯公司提出，2015年泛娱乐成为业界公认的互联网发展主流趋势之一。中华人民共和国工业和信息化部发表的《2017年中国泛娱乐产业白皮书》指出，"泛娱乐已经成为我国'互联网+'的重要表征和趋势之一"（中华人民共和国工业和信息化部信息中心，2017）；2017年，China Joy联合新华社瞭望智库发布的《2017泛娱乐战略报告》中也提到，"'泛娱乐'已经成为文化领域最受关注的商业模式"（东南网，2017）。泛娱乐通常以IP为核心，形成融合性的粉丝经济（江小妍、王亮，2016：23）。其中IP一词系知识产权（intellectual property）的缩写，属于法律范畴，指权利人对其创作的智力劳动成果所享有的财产权利。随着时代的发展和产业的结合，泛娱乐行业中的IP被赋予了新的内涵，即"可以发展出具有长期生命力的衍生产业链条的文化资源"（范天玉，2019：91）。该行业中的IP和经济以及市场的结合更加紧密。以IP授权为例，据国际授权业协会2023年发布的《全球授权市场报告》（Global Licensing Industry Survey），全球授权商品及服务销售额达3408亿美元，同比增长8%。（国际授权业协会，2023）在我国，近几年泛娱乐产业也取得了阶段性成果：IP改编移动游戏市场收入一直保持稳定上升，在2020年首次突破1000亿元，中国制造、中国文创IP和国潮文化在国际市场上的影响力均有一定提升（消费日报，2020），例如故宫文创系列的IP。但在国际竞技舞台，中国原创IP仍屈指可数。从深层次分析，IP创意产品的价值包括核心的文化内涵和精神价值，以及创作和

[①]　本章内容为笔者与浙江理工大学2021级MTI学生闫眉等合作撰写，原载于《浙江理工大学学报（社会科学版）》2023年第50卷第2期，原标题为《生态翻译学视角下泛娱乐行业IP文献的翻译研究》，收入本书时有所改动。

制作过程中蕴含的艺术价值以及最终产品带来的感官、心理和情感体验价值（金韶、黄翀，2018：54）。对互联网时代的中国而言，发展泛娱乐行业IP不仅是新的商机，更是文化传播的契机。

相对而言，国外已经建立了一整套相对完备的行业体系，包括相应法律（尤其是涉及知识产权）的实操机制。国内的行业体系更多地参照国外的发展路径和思维，因此对外文文献的翻译势在必行，对此类文献的翻译研究也有助于把握行业发展趋势、提升国家竞争实力。

一、泛娱乐行业IP文献翻译现状

国外的泛娱乐行业IP文献通常涉及经济学范畴的相关IP或企业的论文、专著、报告、新闻等。截至2022年9月17日，以"泛娱乐"和"IP产业"为关键词在中国知网上检索，分别获得2457条和417条记录；以"IP翻译"为关键词搜索，仅有12条记录，其中仅有1篇期刊论文（郝雯婧、王雪梅，2018）涉及泛娱乐；而以"泛娱乐翻译"为关键字的检索结果显示为0。可见，现阶段该领域文本的翻译在我国尚未引起必要的关注，这一现状与文化和旅游部要求"推动数字文化产业高质量发展"和"加强IP开发和转化"（中华人民共和国文化和旅游部，2020）以及教育部在新文科背景下鼓励"培育新兴交叉学科"和"推动学科交叉融合"（中华人民共和国教育部、财政部、国家发展和改革委，2022）的趋势并不相符。

笔者认为，导致我国泛娱乐行业IP文献翻译研究不足的原因有二。其一，我国泛娱乐行业发展相对滞后，相关研究也相应匮乏。其二，这类文献的翻译存在难点。首先，行业称谓存在多样化的情况。美国没有"文化产业"的提法，多强调"版权"概念，这主要是从文化产品具有知识产权的角度来界定的；日本称其为"内容产业"；中国官方普遍把它叫作"文化娱乐集合"。同时，不同国家知识产权范围不尽相同，例如美国的知识产权包括专利、版权、商标、商业秘密，中国的则主要涵盖专利、商标和著作权。其次，行业IP的发展离不开商业运行和市场运作，这类文献大概率会涉及企业运行管理、商业策略或文化传播等专业知识，学科交叉跨度大，翻译难度高。因泛娱乐行业IP文献涉及影视、游戏、文化、艺术等多个领域，故文本中可能会出现一些行业术语，如影视领域的 cameo（大演员饰演小角色，即友情客串）、blockbuster（叫座大片），游戏领域的 blocking（走位）、buff（辅助类角色为别人施加的有益状态），含义完全有别于其在普通文本中的意思。综上，译者在翻译过程中不仅需要面临文化、法域层面的差异，还需要熟悉多个行业，翻译难度必然不小。其他领域文本翻译的策略、方法和技巧不能简单套用到泛娱乐行业 IP 文献翻译中。本章尝试引入生态翻译学（eco-translatology）作为理论依据，对该类文本展开案例分析，为泛娱乐行业 IP 文献翻译提供一些思路和方法。

二、生态翻译学视角下的泛娱乐行业 IP 文献翻译策略

生态翻译学起步于 2001 年，于 2006 年 8 月在北京召开的"翻译全球文化"国际会议上由清华大学教授胡庚申提出。该理论是在翻译适应选择论研究的基础上发展起来的，其核心概念为"适应/选择"和"生态"学说。胡庚申（2010：65）将翻译定义为"译者适应翻译生态环境的选择活动"，生态翻译学则是运用生态理性，从生态学视角对翻译进行综观的整体性研究，是一个认为"翻译即适应与选择"的生态范式和研究领域。平衡是任何生态系统最基本的特征，也是生态翻译学的核心理念之一。保持原文生态和译文生态平衡是生态翻译学的重要内容，而"三维转换"正是生态翻译学实现"平衡"的一种方法（商静，2017：43），它包括语言维、文化维和交际维层面的三维转换。译者要想得到一种适合生态环境的、有价值的、有效的翻译版本，就必须在不同的生态环境下做出适应性的选择。

生态翻译学作为 21 世纪在中国本土发展起来的一种翻译理论，其"翻译即适应与选择"理论和"三维转换"核心翻译方法适用于泛娱乐行业的文本翻译，契合中国生态文明发展的需要；而生态翻译学指导下的泛娱乐行业 IP 文献翻译也能丰富生态翻译学的实践，助力我国泛娱乐行业的国际化发展。两者的结合对于中国泛娱乐行业、生态翻译学的发展都有借鉴意义，不失为一种可行的尝试。本章以泛娱乐行业 IP 文献为例，选取典型例句，结合生态翻译学"三维转换"的理论展开分析。

（一）语言维的适应性选择转换

语言维的适应性选择转换是指"译者在翻译过程中对语言形式的适应性选择转换"（胡庚申，2011：8），即在源语和目的语这两种不同的语言形式之间进行转换。译员需要熟练掌握两种语言的遣词、结构、特点等。泛娱乐行业文本的特点是术语多、行业跨度大、具有互动性、主题时尚性强，其翻译策略主要表现为对英汉语言的灵活选择与转换。

例1 *On Her Majesty's Secret Service* (1969) represents the first change of Bond actor, from Connery to George Lazenby, who provided a darker characterization of Bond, and **a move away from gadgetry toward narrative**. （Preece, et al., 2019: 336）

译文：《007之女王密使》（1969）首次更换了出演邦德的演员，将康纳利更换为乔治·拉赞贝，后者塑造了一个更为暗黑的邦德，该部影片从着力于装备展示转为注重情节叙事。

例1中"a move away from gadgetry toward narrative"是翻译的难点。首先，结合电影行业，gadgetry表示电影拍摄过程中使用的各类装备。007系列电影不乏对主角邦德配备的各类酷炫特工装置的展示，因此将该词译为"装备展示"可以呼应该系列电影的背景，引起译文读者的共鸣。其次，它省略了部分内容：名词性结构"从A到B的一种举动（a move away from gadgetry toward narrative）"是句子的宾语，承前省略了主语（*On Her Majesty's Secret Service*）和谓语动词（represents）。虽然在原文中其与主语和谓语相距较远，但逻辑关系清晰明了；译文也需要体现主谓宾之间的联系。

例2 The high level of difficulty combined with a structure that sees players making only gradual progress through a world solving one puzzle at a time before having their progress halted and reset reminds us of games like Terry Cavanagh's *VVVVVV* (Cavanagh, 2010), Michael 'Kayin' O'Reilly's *I Wanna Be the Guy* (O'Reilly, 2007), Team Meat's *Super Meat Boy* (Team Meat, 2010) and the **'masocore'** subgenre of indie platform games. (Newman, 2016: 6)

译文：（游戏）较高的难度加上特定的设置（玩家在游戏中只能按部就班地闯关晋级，一次解决一个谜题，直到进程停止并重启）让我们想起了特里·卡瓦纳的《颠倒重力》（卡瓦纳，2010）、迈克尔·凯因·奥莱利的《我想当爷们》（奥莱利，2007）、Team Meat 的《超级食肉男孩》（Team Meat，2010），以及独立游戏平台上的"硬核受苦游戏（masocore）"子类型。

例 2 原文呈现了典型的游戏类型的语言特征：句子较长，且包括较多游戏名称和游戏特色词汇。通过查阅网络资源，可以得知文中几款游戏的名称已有固定的中文翻译，可直接应用。masocore 一词由 masochism（受虐狂）和 hardcore（硬核）组合而成，是指一些具有复杂游戏机制的高难度游戏。这类游戏通常赋予玩家无限次生命，玩家为了继续游戏需要反复尝试其中某些关卡，并经历一次又一次的起死回生。新词汇的出现不仅为游戏行业注入了新的血液，一定程度上也代表该行业新的发展方向或趋势。masocore 在国内文献中未见固定译文，相关资讯报道中或保留英文，或译为"受苦游戏"。为展现 masocore 复合词的特点，根据该词的意思（Through trial and error gameplay, complex game mechanics and intense difficulty, masocore games are specifically designed to frustrate players over and over again），笔者尝试把它译为"硬核受苦游戏"，以期实现原文意思的全面传递。

例3 ... *Die Hard* and *Lethal Weapon*, as well as the revisionist tendencies of 1989's *Batman*, which presented its hero as a dark avenger far removed from the **campy excess** of the 1960s television series.（Preece, et al., 2019: 344）

译文：……《虎胆龙威》和《致命武器》，与 1989 年上映的具有修正主义倾向的《蝙蝠侠》，都将主人公塑造成暗黑的复仇者，这与 20 世纪 60 年代电视连续剧的矫饰风格相去甚远。

若将例 3 中 campy excess 直译为"过度的装模作样"，则无法有效传达原文意思。笔者查阅文献发现，20 世纪 60 年代，波普风格在欧美蓬勃发展，也给影业带来了深刻影响，集中体现在电影服饰设计、室内布景、海报设计上，用以渲染电影主题和主角形象。波普风格在设计中强调新奇、独特，且色彩艳丽、造型夸张，风格特征变化无常（申静，2014：216）。参照这一背景并且结合原文，可将campy excess译为"矫饰风格"，原因有二：首先，"矫饰"一词意思为"造作夸饰，掩盖真相"；其次，美术史上在文艺复兴和巴洛克风格之间的过渡阶段的确出现过矫饰主义（Mannerism）的艺术形式，风格特征包括隐晦的思想、精致的细节和扭曲的形式，以及主观的色彩（程亚鹏，2010：75）。就释义而言，"矫饰"一词与上述风格的定义相近，亦与原文所传达的语义相匹配，意思表达一目了然。

（二）文化维的适应性选择转换

语言与文化息息相关。翻译的过程是两种语言之间的转化，更是两种文化之间的交流。因此，译者不仅要在语言层次上进行转换，还要关注文化层次上的转化，如对语言中的文化负载词进行适当加工，以适应目的语语境，实现对源语语境的等效传递。文化维的适应性转化需要译者在翻译时充分考虑两种语言之间的相互影响（胡庚申，2013：237）。英文泛娱乐行业IP文献中大概率会出现带有西方文化特色的词语、习语以及表达方式，因此，译者必须具有文化敏锐性以及深厚的文化素养，做到多体会、多权衡，才能准确传递文化精髓，实现两种文本的对应。

在泛娱乐行业IP文献中，文化不仅在特定的行业或领域（例如影视行业、游戏世界、经济领域）有所体现，在某个特定的范畴、行为模式、价值观念中也得到具体的表现。相应地，翻译除了要兼顾源语和目的语之间广义的文化差异之外，还需关注该领域的狭义文化背景。

例4　"Except for that accent which gets over those awkward English vowels (that American filmgoers find too irritating)—and except that he hasn't got the famous **comma of black hair falling in his eyes**, this is Ian Fleming's Secret Serviceman James Bond **down to the 60-guinea tailor's label**."（Preece, et al., 2019: 337）

译文：　"除了那口音，它克服了美国电影观众觉得太讨厌的尴尬的英语元音——并且除了他没有那绺垂至眼帘的黑色刘海，这就是伊恩·弗莱明笔下的特勤局特工詹姆斯·邦德，你看他那身60基尼的高定西服。"

（基尼为英国一种旧制金币，首次铸造于 1663 年，原来是由几内亚（Guinea）出产的黄金铸造，由此得名。也可以叫几内亚金，一个基尼相当于 21 个先令。1733 年以后，基尼币已超出本身原有面值数倍，逐渐成为收藏货币；1816 年，英国政府宣布基尼退出流通货币行列，不再进行面值交易。）

例 4 涉及 007 系列电影的特色文化，其语境是探讨系列电影成功的因素。译者如果熟悉和了解"邦德文化"，例如其发型和穿衣风格，这将对本句的翻译有极大裨益。

首先，原文中的 guinea 是一种名为基尼的英国金币，60-guinea tailor's label 字面意思是"价值 60 基尼的定制西服的标牌"，结合 007 系列电影中邦德的着装风格以及人物性格设定，是指"这套造价不菲的西服就是特工邦德的着装标配"。结合小说的背景，作者撰写第一部 007 小说时（1952 年），基尼币早已不再流通，且当时该种货币的实际价值远远超过了其面值。故译为"60 基尼的西服"不妥，我们可以将 60-guinea tailor's label 理解为"高价、高定的西装"。原文使用了具有文化特色的词（guinea），这在很大程度上可以激发熟悉该种文化的读者的情感共鸣；但是直接译为"基尼"会造成目的语中的文化缺省。直译加注可以将翻译中的文化亏损减少到最低程度（王大来，2004：70），根据这个翻译策略，笔者选择保留基尼币这一意象，并在文本末尾添加关于"基尼"的注释，以期能够完整传递原文的文化信息。

此外，例 4 中 comma of black hair falling in his eyes 的翻译需要结合 007 系列电影中邦德的容貌考虑，还需综合考虑其在原文中的用意。例 4 实际上是一段引文，引用了影评人亚历山大·沃克（Alexander Walker）对 007 系列电影中主角（特工邦德）形象的评论，涉及演员的语音和外貌特征两个方面。沃克的评价实际上是用来论述原文作者所持观点，即在塑造系列电影的核心人物形象时可以尝试对原文小说进行改编，最终以实现系列品牌的成功演变。结合例 4 的上文[①]，原文作者引用本句的用意是 007 系列电影为了迎合美国观众的需求，改变了邦德的语言特征以及打扮（句中具体涉及发型），但即使是这样，电影中的"他"就是观众认同的 007 系列小说中的"特工邦德"。

---

① "From the start of the film franchise, the translation of the books into films was not intended to be literal. Instead, Dr. No's (not the first book in the series) expressive capability was derived from materials selected from a wider potential set." (Preece, et al., 2019: 337)

此处comma并非本义"逗号",而是与后面的hair相关联,指的是和发型相关的一个要素。查找伊恩·弗莱明(Ian Fleming)出版的007系列小说,我们发现在《皇家赌场》(*Casino Royale*)中,有两处描述了邦德的发型:第一处出现在第八章 "Pink Lights and Champagne" 中:"... the short lock of black hair which would never stay in place slowly subsided to form a thick comma above his right eyebrow"(Fleming,1953:44);第二处在第二十三章 "Tide of Passion" 中:"She leant over and kissed him on the corner of the mouth, then she brushed the black comma of hair back from his damp forehead."(Fleming,1953:125)据此,我们可以判断邦德的发型是偏分,较多的黑发被梳至右边,并在重力作用下于右眉上边自然形成一个弯曲的"弧度"。这是邦德的标配发型,也契合邦德小说迷所熟知的"邦德文化"背景。原著中的发型描述与例4中的 "comma of black hair falling in his eyes" 相一致。鉴于comma本义为"逗号",有弧度之意,结合语意,comma of hair译为"刘海"合适。原著对主角形象的这一描绘和观众在电影银幕上看到的邦德形象不符,恰恰体现了电影对原著的改编,事实证明这种改编是成功的。

结合上下文可知,例4旨在点明电影中的人物形象和小说中存在两处不同,这种差异是电影市场促成并且乐见的。例4的直接引语中,沃克认为电影中的人物虽然失去了小说中标志性的语言和刘海特征,但邦德还是邦德;这被原文作者用来论证电影品牌的权利人需要发掘电影中动态和持续的集群(dynamic and sustaining assemblage(s)),对品牌进一步开发并使品牌IP长盛不衰。

例5 Reflecting on this, composer John Barry remembers, "Well, we've **lost** Sean, and we've got this **turkey** in here instead. And so I have to **stick my oar in** the musical area double strong to make the audience try and forget they don't have Sean ... do **Bondian** beyond **Bondian**."(Preece, et al., 2019:338)

("*Bondian*" *is a term used by the production team meaning "in the spirit of James Bond*")

译文:回想此事,作曲家约翰·巴里追忆:"唉,肖恩不再参演,他的替代者算是个败笔。所以我就把双倍的精力投诸电影的配乐上，想让观众们尽量不去在意肖恩未能参演这个事实……以塑造一部更好的'邦德'。"

例 5 中 lost 一词含义较多，根据人物说话时间推测，这里应当是指该演员"不再参演"，因而不能译为"失去"，否则容易产生歧义（如演员已去世）。此处的 turkey 表示 "a silly or stupid person, a movie or play that is very unsuccessful"，即"笨蛋；失败的电影或戏剧"，后者与文本所涉行业契合，考虑到语言使用场合，可译为"败笔"。stick my oar in 字面意思是"划船桨"，此处说话者（约翰·巴里）作为资深的电影作曲家，将更多精力放在了电影配乐上，显然是想表达其"卖力地"投入本职工作之意。而末尾的 Bondian 一词，根据原文注解，应为一个术语，意为"詹姆斯·邦德的精神"。007 系列历史悠久，拥有广泛粉丝基础，因此 James Bond 一词代表的已不仅是一个名字或一个电影角色，而是其所承载的文化和价值观，故译文处理为"邦德"且加上引号，以示强调，同时与电影中的人名有所区分。

（三）交际维的适应性选择转换

交际维的适应性转换要求译者在翻译过程中不仅要注意语言特征、文化层次的传达，还要注意交际目的：既要尊重源语的表达习惯，又要把握目标语的使用习惯，提高英汉互译的准确度，以便在语言形态差异下进行更深层次的交流。如此，译文读者接收到的信息和情感能够与源语读者保持一致。语言维和文化维的适应性转换是生态翻译的基础，而交际维的适应性转换是对生态翻译的最高要求，三者共同维护和保持源语和目的语的生态环境。此外，翻译与传播是一对孪生姊妹，有天生的同构与互动性（杨枫，2021：17）。提升翻译文本质量，不但可以提高译文的接受程度，也有助于泛娱乐行业 IP 文本的传播推广。

以名词为例，英语中有一些名词在具体的使用场景中原意会发生改变，如语义拓展或语义缩小；或是有些词虽保留了原意，但由于使用场景的变化（被用在了一个非常规的场景）而使读者产生独特的阅读体验。能否保证译文读者获得与原文读者相同的阅读感受，取决于译者能否在交际维给出恰到好处的译文。

例 6　The coding was performed independently by the two authors, defining a coding manual at the outset, based on theoretical constructs to be examined, which was refined as the coding proceeded. Starting from the constructs that emerged from the theory, and while **considering each firm as its own story**, we aggregated the data and identified **patterns between licensees**.（Belingheri & Leone, 2017: 7）

译文：SIC 编码的运行由两位作者独立完成，并在编码过程中不断完善。一开始是基于这一理论构想，且考虑到每个公司各行其道，我们整合了数据，最初确定了编码手册，在有待检测的理论构想基础之上识别（许可方与不同的）被许可方之间的许可方式。

若将 considering each firm as its own story 直译为"考虑每家公司有自己的故事"，译文就无法实现意义上的连贯和衔接。其中，story 指各个行为主体（被许可方）各自做自己的事情，结合句末的 licensees（复数），可知所涉许可行为存在多个被许可方。在实践中，IP 许可主要分为独占许可、排他许可、普通许可等形式，前两种不允许除许可方和被许可方以外的任何第三方参与，故此处应为普通许可，且各被许可方之间不发生联系；词组 as its own story 应译为"各行其道"。patterns between licensees 若直译为"被许可方之间的模式"，虽然在语言层面没有问题，但其专业性却存疑。交际翻译需要考虑读者的理解能力，若译文读者是有一定行业经验的业内人士或具备一定专业辨识能力，译文的模棱两可与错误表述可能会导致原文价值遭到质疑或否定；若译文读者为非专业人员，则很可能因不正确的译文产生理解上的困顿，甚至受到误导。该部分译文需要结合上下文和专业层面来分析。原文上文提及许可存在多种方式，如单向许可（one-way licensing）、交叉许可（cross-licensing）等；且下文提到 we chose only two licensing institutions in order to decrease variability in licensing practices ... both were keen to license-out to start-up companies（我们仅选择了两家授权机构来降低许可行为的可变性……两家均热衷于向初创公司授权），因此例 7 涉及两个许可方对应多个被许可方，且许可双方还可能存在多种许可方式，故 patterns 理解为"（各种）许可方式"

更为妥当，语义为"（许可方与不同被许可方之间存在的各种）许可方式"。原文 patterns between licensees 中省略了"licensees"，在翻译时应体现出来。否则，上述仅在文字层面简单对应的译文易造成译文读者的误读。结合上下文，该篇文献以初创企业（被许可方）为研究对象，主要讲述其引入相关 IP 许可（license in）对自身发展的意义和作用，将许可方限定为两家机构，虽然对几家初创企业（被许可方）展开了横向比较，但就 IP 许可事宜而言，该研究并不关注初创企业之间的联系。再从专业常识来看，商事主体做出 IP 许可行为的目的无外乎"许可方通过将知识产权许可给他人在其他领域将其商业化，获得额外收入"或"被许可方建立新的业务或产品，提高现有产品的竞争力"（莱德、马德范，2020：127）。无论从何种角度考虑，焦点均应是许可方和被许可方之间的关系，而非许可行为中不同被许可方之间的关系，况且通常情况下后者之间不会存在关联。综上所述，将 patterns between licensees 译为"（许可方与不同的）被许可方之间的许可方式"方能实现成功的交际作用。

三、结　语

"泛娱乐"作为在互联网时代下诞生的一个新概念，被文化和旅游部、新闻出版广电总局等中央部委的行业报告收录并重点提及，是时代发展的产物，更反映了互联网发展的新趋势。对中国而言，IP 作为泛娱乐的核心，不仅可以带动经济的发展，同时也是实现自身潜能、提升国家文化软实力的重要手段，对我国建设文化强国具有重要的战略意义。在泛娱乐行业蓬勃发展且国内理论研究相对匮乏的背景下，相关行业文献的翻译必须跟进。该类文本的翻译研究属于法律翻译研究领域的一个新方向，它涵盖多专业的知识（尤其是知识产权类法律）以及文化因素，具有重要的时代意义和巨大的挑战性。本章结合生态翻译学理论，对相关文本中的若干例句做了语言维、文化维和交际维三个层面翻译的探讨，尝试性地指出泛娱乐行业 IP 文献翻译的注意事项，旨在为该领域的发展提供理论支持，为后续的研究提供参考。

第八章

意向书翻译中的主体意识和文化差异

法律翻译在广义上包括商务类文本的翻译。随着中国企业深入参与国际事务，涉外商务文本的翻译需求逐年增长，其中也包括意向书（Letter of Intent，简称"LOI"）。意向书本质上是商务契约类文书的先导文本，是一方为某项业务出具的非正式函件，具有商务属性和明确的目的性，多具有协商性、灵活性和简略性等行文特点。在国际商务活动中，意向书多用英文撰写，中文文本需要经过英译后才能有效投递并用于国际商事活动。

目前国内针对意向书的研究较少，如有提及也多用商务文本的特征一言蔽之。截至笔者撰写本章内容时，知网中讨论意向书翻译的学术论文仅有一篇，为MTI翻译实践报告（宋佳，2018）。而意向书的上位概念"商务文本"已被广泛深入研究。意向书作为商务文本的一种应用类型，是后续一系列商务行为发生的前提，它有着特定的使用场景、行文逻辑和翻译思路。意向书的翻译策略和译文质量理应引起学界和实务界关注。

一、意向书文本体现文化差异和国家意识

当前意向书相关的翻译研究数量极少，而有关商务翻译的论文数量较多，后者对意向书的翻译具有一定的借鉴意义。在核心期刊和中文社会科学引文索引中检索"商务翻译"，笔者发现，2010 年以来的研究多基于文体特征或结合理论（如目的论、语用角度、认知因素）讨论商务翻译；后期研究则引入跨学科理论（如译者伦理、评价理论、语境顺应、批评体裁分析）和宏观视角的翻译策略探讨商务翻译。无论从何种视角探讨、适用何种理论，文化因素都是其中讨论要点。商务文本具有特定文化内涵，商务翻译中需注意其跨文化传播和交际的本质，还需要考虑中西方审美文化与价值观的认知差异。

意向书是契约类文书的先导文本，是商务活动得以继续和发展的前提，其叙事和翻译更加需要注重文化差异，体现文化自信。文化自信是指对自己文化传承、创新、发展的自信，也是对世界多元文化的包容和开放；文化自信不仅是个人、企业的自信心，也体现国家的自信心。

意向书通常有三种形式：单签式（由出具意向书的一方签署，文件一式两份，由合作的另一方签字盖章后交付）、换文式（以交换信件的形式表达合作的意向）和联签式（由当事人双方签署）。为了让对方更好地了解企业自身情况和资质，意向书（尤其是单签式和换文式两种形式）很可能涉及企业介绍。虽然其中企业介绍的文字相对简练，但这使意向书在商事属性之外又具备了企业外宣的特征，因此，中方在撰写和翻译意向书时有必要合理恰当地体现文书出具方（中方企业）的主体意识。在涉外意向书的签署活动中，企业除了代表自身参与国际商业活动之外，其措辞也彰显了商事主体所代表的国家主体意识。

"国家意识是公民基于国家历史、民族和文化的科学认知而形成的对国家政治法律的归属认同，也是思想、情感和行动上对国家认同的理性实践。"（李桂东，2021：109）国内语言研究领域对国家意识的研究主要集中于语言政策和语言现象（李丹，2020：145），翻译领域的相关研究主要聚焦于政治话语的翻译（黄友义，2004；潘苏悦，2015；翟石磊，2017）、外语教育和课程思政（杨枫，2020；徐斌，2021；李桂东，2021），以及近年热门的"翻译能力与国家意识"课题（任东升、高玉霞，2015；蓝红军，2020；杨枫，2021；任文、李娟娟，2021；潘艳艳，2021；宁琦，2021）。由此可见，现阶段除了搭建宏观理论框架时有所提及之外，关于国家意识的讨论多集中在政治和外宣类文本，极少涉及商务类文本。"国家意识具有丰富而饱满的理论涵摄力"（杨枫，2020：2），它不单是一个形而上的概念，更植根于具体词语和句子中。在微观层面，国家意识可以通过文化因素得到彰显；往深层探究，文化因素可能最终追溯至国家意识，两者在文本翻译中不是孤立存在的。涉外翻译必须体现正确的国家意识，在意向书的外译中，译者应具备大局观，注重中西文化差异和商事主体乃至国家主体意识。本章以国内某建设集团的建设项目意向书翻译为例，阐述涉外意向书翻译应该如何准确把握以上因素，实现成功外译，以达成商务合作的目的。

二、研究对象

意向书基于商务实践产生，体现真实性、简要性和时效性，翻译也要综合考虑以上特征。笔者以某住房建设项目的投资意向书作为研究对象，向MTI学生布置了翻译作业，并进行了译后讨论。这份看似简短的意向书的翻译实际颇费思虑，值得反复揣摩研读。这份意向书的背景是中国某建筑企业收到外国政府邀请函，为该国遭受自然灾害的地区建造住房。该企业决定参与此项目并拟定了中文意向书（原文如下①）准备投递，笔者参与了此次意向书的翻译。

> **住房建设项目的投资意向书**
>
> 中国TTT建设集团有限公司（以下称为中国TTT建设集团）愿意负责并将不遗余力地为贵国的基础设施发展的建设做出最大的努力。
>
> 在此番快速发展的基础设施建设的浪潮中，我方特从中国表达此意向，愿意以快速并且高质量的服务加入贵国的当地建设中。中国TTT建设集团真挚地表达以下建设服务项目的意愿：
>
> 1. 以先进技术完成××套房屋的建设；
>
> 2. 完成城市发展项目。
>
> ①一旦与TTT建设集团签约成功，我方将按照贵方的要求为项目提供融资。因此我方特向贵方提供如下公司的相关信息：
>
> 中国TTT建设集团成立于1995年，具备道路、市政、水利工程等总承包商一级资质，主要致力于基础设施的投资以及建设，集团下设25个建设队伍。②曾经成功参与沪宁、京沪、京港等高速公路的主干道路建设，以及一系列国家以及省级的重点项目的建设（如××长江大桥等）。在中国的一千多个城市和三千多个工业园项目中率先启用BT、

---

① 出于对公司信息保护的考虑，原文和译文中的名称和数据均用字母替代。本章着眼于对翻译中具体句子的讨论，先摘录MTI学生的译文，然后对相应句子进行点评，最后再展示笔者的参考译文，本章不讨论意向书的通篇翻译。原文中编号①—⑤为笔者所加，便于文本分析。

BOT、BOOT 等项目的融资以及建设。

　　作为中国最大的城市建设者，③TTT建设集团秉承资源、智慧、资本三者融通的核心哲学理念，助力中国城市化的进程。

　　④在 2014 年 7 月 8 日，集团的营业额突破 × 千亿美元，在世界 500 强公司中位列第 × 名，⑤为中国大陆首家获此殊荣的私人公司。

TTT建设集团有限公司

三、译文核心句分析

　　叙事的定义为"用语言把一个或多个事件表述出来"（Currie，2010：33）；只要符合叙事的基本特征，即按照某个顺序用语言将事件组织起来，在表现形式上都有"头、腹、尾"（Baker，2006：10），便可以称为叙事。Currie（2010：33）认为，叙事的表述过程"必然表达了事情的前后因果"；Hayles（1995：114）主张，"是否能够称为叙事，取决于其表述过程中是否建构了一种关系，通常是因果关系"。意向书是一种商务语境下的叙事，虽然内容简明，但也包含事件的起因、发展和结果等要素，体现一定的因果关系。因果关系赋予了叙事一种情节，更重要的是"叙事不仅仅是在表述事实，叙事还赋予意义"（Riessman，1993：4）。

　　上文中意向书的行文遵循了意向书"标题—正文—落款"的典型结构，中方企业的简介也包含在内。其翻译不仅考验译者的语言功力和逻辑思维能力，还考察其经济学常识和政治素质。该部分也是中方企业向外方展示以往的成功案例，证明自身能力和资质的内容。如果完全按中文的逻辑翻译，译文读者能否获得和中文读者一样的阅读感受和效果？下文中，笔者将以浙江理工大学 2020 级MTI学生提交的翻译作业为例，具体从五个角度展开讨论。

（一）营造平等对话语境，摒弃贬己原则

　　商务活动主体之间是平等的，平等对话语境能够彰显商务行为的主体意识。同理，译文也应该创设平等的对话语境。

例 1 原文　一旦与 **TTT** 建设集团签约成功，我方将按照贵方的要求为项目提供融资。

　　学生译文 A：**Once / as soon as / when** you sign the contract, **we** will …

　　　　　　　　Upon your signing of the contract, **we** will …

　　学生译文 B：**If / provided (that)** you …, **we** will …

　　译文 A 和译文 B 的句子结构都遵循了中文行文逻辑，但非理想译文。首先，原文中有第一人称"我方"，若直接翻译为 we 则会因第一人称承载个人倾向而削弱意向书的正式性。且主句主语为 we，从句主语为 you，前后两句一关联，实则人为构建了两种人称的对立。其次，从语言反映的民族思维差异分析，汉语民族比较注重主体思维，往往从自我出发来叙述客观事物，倾向于描述人及其行为或状态（连淑能，2006：38）。因此，原文"一旦（你）……我就……"的表述符合中文思维，表达了中方企业参与项目的强烈意愿，展现融资能力，有助于意向达成。但是"英语民族比较注重客体思维，往往以客观、冷静的表达方式叙述客观事物，如常用被动式和非人称表达法"（连淑能，2006：38），故本句英译应尽量避免使用第一人称。

　　1983 年，英国著名学者利奇（Leech）在《语用学原则》（*Principles of Pragmatics*）一书中阐释了礼貌对语言交际的重要作用。他首次提出了礼貌原则，认为礼貌原则与格莱斯（Grice）的合作原则是交际所遵循的两项原则。利奇把礼貌原则分为六大类，每类包括一条准则和两条次准则，分别是得体准则、慷慨准则、赞誉准则、谦逊原则、一致原则和同情原则（转引自：唐娟华，2014：4）。顾曰国（1992）追溯了现代礼貌概念的历史渊源，对比分析了英汉礼貌现象，他根据中国文化的特点，提出了以下五条准则：贬己尊人准则，称呼准则，文雅准则，求同准则，德、言、行准则。笔者对比了上述中西方的几项礼貌原则（准则），并对其中的同类项进行了合并，得出以下结论（见表 8.1）：表 8.1 中中西方言语交际的礼貌原则（准则）的后几项大致可以相互对应，体现出一定的共性；差异在于中国文化中存在贬己尊人准则，而英国文化中则没有这一项。

表8.1　中西方交际中的礼貌原则（准则）对比

国家	礼貌准则						
中国	贬己尊人准则	称呼准则	文雅准则	求同准则	德、言、行准则		
英国	/	得体准则	谦逊原则	一致原则	慷慨准则	赞誉准则	同情原则

结合上述分析可知，"一旦（你）……，我就……"这种表达方式在英文语境下恐有贬己的色彩，译文若遵循中文逻辑可能会导致双方之间的不平等关系。无论在国内还是国际舞台，商务合作的双向行为都应该建立在双方平等的基础上。国际工程项目"招标投标活动应当遵循公开、公平、公正和诚实信用原则"（张明轩，2008：5）。"翻译与传播是一对孪生姊妹，有天生的同构与互动性"（杨枫，2021：17），翻译不仅是语言的交流，还承载着传播文化、表明身份立场、表达情感态度等功能。因此，涉外商务文本翻译不仅代表企业形象，传递出来的信息和态度也关乎国家对外形象的构建。A、B两组译文中，主句中we will字里行间暗含万事俱备只需外方点头即可的意味；并且第一人称彰显主观意愿。许宏（2017：13）认为隐蔽立场表达的叙事有时更容易被接受。意向书应多关注事件本身的叙事，译文应尽量客观，避免表决心和喊口号；应营造平等、共赢的合作前景，而非一味展露谦卑姿态。

参考译文 **a**. **After** the successful signing of the contract with TTT Group, a **prompt** financing effort **shall be launched subsequently** in **complete** adherence to the requirements of your party.

参考译文 **b**. **Once** a contract **is reached/signed** between two parties, **TTT group** will launch the financing effort for the project in accordance with **your requirements and demands**.

参考译文a未出现融资行为（同时也是参建行为）的主体，主语用了a financing effort以增加句子的客观性，在语义上去除了中国企业被动心理的暗示，添加prompt表达了承诺"融资将在合同签订后立即兑现"的意愿和执行力。参考译文b用企业名字充当主语，显得客观且指示明确。因此，意向书外译时，其意愿应尽量通过客观的表述加以体现，无须固守中文的叙事逻辑。

译文a和b将合同双方置于平等位置，体现了商务活动参与主体的平等性和商务行为的公允性。

（二）参照行业国际惯例，兼顾本国标准

商务活动必定涉及某个行业，而行业可能存在国际惯例或规则。如果参照该行业惯例能够实现译文便捷、有效的信息传递，避免因原文的文化词汇在译文语境中缺位可能造成的理解困难，那么译文可以尝试突破文字对等，力求意思理解的最大化。这类行业惯例是行业内部文化，是一种特殊的文化体现。

例2原文　曾经成功参与沪宁、京沪、京港等高速公路的主干道路建设。

学生对原文中高速公路名称的翻译有expressway from A to B、expressway between A and B、expressway in A to B、expressway connecting A and B等 形式；多个高速公路名称叠加时介词的重复出现会显得累赘，此时highways including A-B, C-D and E-F不失为可行的译法。与此同时，译者还需要考虑译文读者可能存在中国地理常识认知的缺省，即中国人耳熟能详的城市名称在外国人的认知中是空白。意向书需要传递中方企业曾经承建项目的信息，可以结合公路行业的国际惯例综合考虑。虽然各国公路交通体系由各国自行管理，但也不乏行业公约或机构促成业内惯例统一的情况。《维也纳国际道路交通公约》（Vienna Convention for Road Traffic）等公约为世界各国道路交通规则的制订提供了通用规则。欧洲国际公路网的主要干线公路分为南北向和东西向两部分，统一编号：南北向的公路自西向东编两位奇数号；东西向的公路自北向南编两位偶数号（《交通大辞典》编委会，2005：384）。美国使用字母+数字的编号规则，如著名的美国1号公路（US Route 1）和66号公路（Route 66）等。可见，对公路编号是世界通行的做法。

根据我国《国家高速公路网命名和编号规则》，沪宁、京沪和京港高速的编号分别为G42、G2和G4。本句可译为：TTT took part in the construction of arteries of G2, G4, and G42 Highways。译文用字母+编号指代公路名称，并且对编号做了顺位排序。因编号逻辑遵循国际公约，更容易被译文读者理

解；相比之下，公路起止地点就不那么重要了。这么操作实现了信息的有效传递，整段文字也显得井然有序。

（三）避免文化硬性输出，区分主次逻辑

文化的适应性问题在企业的商务文本翻译时曾被论及。陈宁（2011：230）提出，鉴于东西方管理文化存在很大差异性，翻译时需要找到一个客观的翻译标准，尤其是当文本字面涉及文化概念时，译者更需要探究字面之外的文化差异。

例3原文　TTT建设集团秉承资源、智慧、资本三者融通的核心哲学理念，助力中国城市化的进程。

学生译文A：TTT **adheres to the core philosophy** of ... to help China's urbanization process.

学生译文B：TTT **supports the process of China's urbanization** with its core philosophy of ...

原文的叙事逻辑强调企业哲学理念，具有鲜明的东方文化特征，是用中国理论阐释中国实践。虽然文化的涉及范围极广，但意向书主要用于商事目的，非文化宣传；即使无法回避源语文化，意向书仍须以达成商事目的为第一要义。

学生译文A强调中方企业的哲学理念，将行为处理成了目的状语。首先，这种叙事结构容易使得译文读者感觉被强行灌输中方企业文化；其次，状语to help China's urbanization process表示抽象目的，包含了事件未然的性质，没能体现企业实际发生的建设行为，与本句中企业形而上的哲学理念一样，因缺乏事实支撑而说服力不足。整体上，译文A叙事抽象，有空喊口号之嫌。学生译文B将句子重心放在企业投身城市建设的行动上，把哲学理念作为伴随状语，仅稍作提及。这样的叙事安排和逻辑调整无疑是成功的，也是必要的；美中不足的是，用动宾结构support the process表现企业建设实践，说服力稍逊。

参考译文：TTT **joins in the accelerating urbanization trend in China** adhering to its core philosophy of pooling together resources, wisdom and capital.

为了让译文读者更好地理解、接受原文化，译者在翻译过程中需要进行表达性过滤；要做到顺应译文读者的文化认知要求、习惯以及思维（李建军，2010：157）。参考译文首先重构了原文信息，突出具体行为，兼顾传达企业理念。谓语使用了描述过程目标的行为动词 join in，使得中方企业从事建设的事实的说服力远胜于学生译文 B 中描述结果目标的行为动词 support。"叙事在某种程度上是在对事实进行建构。"（Baker，2006：17）参考译文的叙事结构旨在说明中方企业在城市建设中做出了实际行为，结合其秉承的哲学理念，便于外方推导出该企业"知行合一"的结论：兼具社会责任感和专业执行力。如此，通过对叙事逻辑的合理安排，译文强调了中方企业深耕建筑行业的事实，且主次分明、虚实结合，实现了文本叙事的目的以及企业文化的软性输出，也符合西方企业管理文化的叙事逻辑。

该例给了译者一个启示：文化因素的输出和主体意识的体现并不是直白地遵循中文逻辑并输出与之对应的目的语，而是在坚持正确的国家意识的基础之上，预测并避免文化因素差异可能导致的信息传达错位，从而写出符合目的语文化的译文，达到成功交际的目的。

（四）尊重中西文化差异，建立时空关联

由于中文和英文分别侧重意合和形合，在意向书的中译英时，译者应重点考虑叙事事项涉及的事件及其发生的时间和空间，在事件和时空之间建立起强关联。

例 4 原文　在 2014 年 7 月 8 日，集团的营业额突破 × 千亿美元，在世界 500 强公司中位列第 × 名．

学生译文 A：**On** July 8, 2014, the group's turnover exceeded $×00 billion, ranking it ×th in Fortune Global 500.

学生译文 B：**By / As of / Up to** July 8, 2014, the group's turnover exceeded $× 00 billion, ranking it ×th in Fortune Global 500.

原句提及了两个事件和一个时间。两个事件分别是先发生的事件 1（企业年度营收达到一定数额）和后发生的事件 2（公布企业在年度世界 500 强中的排名），在原文中的顺序是"时间＋事件 1＋事件 2"。依据经济常识，句中时间点（2014 年 7 月 8 日）应与事件 2 联系紧密。按惯例，每年《财富》的世界 500 强榜单在 7 月份公布，涵盖营业收入、利润、资产、股东权益等指标。依据经济运行规律，企业营收必定是基于一个年度周期的。学生译文 A 用该时间直接限定事件 1，意指在那一天就实现了全年营收，显然违背经济常识。译文 B 则将译文 A 中表示时间点的介词 on 替换成表示时间段的 by、as of 或者 up to（表示"截止"），看似合理，却忽视了另一个经济常识：世界上存在两种财务年度：历年制和跨年制。我国采取历年制（即从 1 月 1 日起算至 12 月 31 日），与 7 月 8 日不发生任何联系。因此，句中的时间应为世界 500 强榜单公布日。

综上所述，原文"时间＋事件 1＋事件 2"的叙事安排似乎存在谬误。事件 1 作为状语嵌入时间和事件 2 中，与事件 2 有因果关系；基于中文意合的特征，事件 1 与事件 2 之间并未出现表示逻辑关系的连词。如果译者欠缺经济常识，僵化地遵循原文逻辑，极易造成错译。因此，需结合中西时间观差异进行分析。时间观是人们在长期社会实践中自然形成的。"人们的时间观一旦形成，便深深地潜在人们思想的深处，制约和支配着人们的言行。反过来，一定的言行又反映一定的时间观，人们的言行传递出时间观的有关信息。"（李建军，2010：83）如俗语"台上一分钟，台下十年功"体现了中国文化对时间表述的随意性和灵活性特点；并且汉语的多向时间制正好与汉语意合的语言特征相互印证。英语形合的语言特征也与其直线式的时间逻辑契合。"在西方世界中人们的时间观念很强，其时间的概念是直线式的，即将过去、现在和未来分得很清楚。这种时间观点上的差异往往会导致跨文化交际中的时间观念、空间观念的错位。"（李建军，2010：84）笔者认为，本句中的时间仅与事件 2 相关，事件 1 是事件 2 的前提，事件 1 的时间周期是一个会计年度，而这个时间段的信息隐含在文字的逻辑之中，虽然不需要在译文中体现，但绝对不能和句中出现的时间混淆。

"对因果关系的安排表达了叙事者的主观认知以及身份立场。"（许宏，

2017：14）原句叙事逻辑体现了撰写者的思维和立场：先回顾业绩，再言明因此获得的成就，意在表达中方企业工程承揽方面的优良资质。"注重主体思维的中文多从'我'出发来叙事，当人称不言而喻时，又常常隐含人称或省略人称。"（连淑能，2006：38）在事件 2 的叙事中，原文省略了主语"集团"；在逻辑上，事件 1 和事件 2 主语并不一致。英语属于主语突出型语言；结合英文逻辑严谨和线性时间的特征，翻译本句时，译者必须区分两个事件发生的先后顺序，并将唯一的时间与其中一个事件建立准确的关联。综上，本句不可固守原文顺序进行机械翻译。笔者提供了以下两种参考译文。

参考译文 a：The Group's annual turnover exceeded US$ ×00 billion, **ranking it ×th / No**. × among Fortune Global 500 released **on July** 8, 2014 ...

参考译文 b：The group **(was) ranked ×th/ No**. × in the Fortune Global 500 released **on July** 8, 2014, with its annual turnover exceeding US$ ×00 billion ...

参考译文 a 和 b 较好地解决了因中西方文化差异导致的译文与原文叙事方式不一致而引发的错译或误译，两种译文亦符合经济常识和逻辑，表达流畅。

（五）传递正确的国家意识，具备政治素质

确定一个术语的英文译文需要考察中文词源及应用场景。译者的政治立场是保证译文正确与否的前提。

原文⑤ ……为中国大陆首家获此殊荣的私人公司。

我国官方媒体的相关报道中，"中国大陆"的标准译文均为 the Chinese mainland，译者在翻译本句时也应采用该标准译法，不可随意翻译。

近年来，有学者大力提出国家翻译实践（任东升、高玉霞，2015）、国家翻译能力（蓝红军，2020；任文、李娟娟，2021）等一系列"政治＋翻译"的概念。新时代下国家翻译学理论的研究视角和实践路径更提倡外宣翻译要有大局观和具备国家意识。虽然意向书等商务文本并不主要承载文化外宣功能，但是译者应在译文中传递正确的国家意识。

综上，此句译文应为：... the first private company in the Chinese mainland.

四、结　语

　　意向书有其独立的研究价值，不应被视为商务文本范畴中高度模式化的一类文本。由于其叙事中可能涵盖的文化因素和涉外文本的特征，翻译意向书需要发挥译者的主观能动性。本章总结了MTI教学中一次意向书汉英翻译的实践，从营造平等对话语境、参照行业国际惯例、避免文化硬性输出、尊重中西文化差异和传递正确的国家意识五个视角，深入分析了意向书英译需要关注的文字层面之外的要点和难点。意向书的翻译不应仅限于在词汇、句式、叙事结构层面追求原文和译文的对等，文本中涵盖或可能涵盖的政治和文化要素要求译者具备全局观，最大可能地兼顾中西方在文化、经济等主要层面的差异。

第九章

《中华人民共和国民法典》对法律翻译和教学的参考价值

　　2011 年《教育部、中央政法委员会关于实施卓越法律人才教育培养计划的若干意见》明确要求，"把培养涉外法律人才作为培养应用型、复合型法律职业人才的突破口"①。结合 21 世纪前 10 年我国翻译学科的发展进程，一些学者（杨平，2012；谢天振，2014）提出翻译的职业化时代已经到来。在此时代背景下，法律翻译在各高校 MTI 实用翻译课程中愈加体现出重要性。在有 MTI 学位授予点的高校中，已经有一些布局了法律翻译人才的培养：2021 年，全国共有 8 所高校（中国政法大学、华东政法大学、西南政法大学、西北政法大学、中南财经政法大学、广东外语外贸大学、南京理工大学和山西师范大学）开设了法律翻译硕士专业或翻译硕士专业（侧重法律方向）。这些学校顺应了时代和外语学科发展潮流，在 MTI 中细分出法律翻译的方向，招收和培养法律类翻译人才。它们多属政法类院校，有法律专业的学科背景。这些高校整合了英语师资和教学资源后的特色课程，既突出了法律专业优势，又探究了外语专业人才培养的新途径。高校"法律＋英语"复合型人才培养的方向是践行学科交叉的一种可行性思路，也契合了国家发展的布局，值得其他高校借鉴。

---

① 　中华人民共和国教育部，中国共产党中央政法委员会. 教育部、中央政法委员会关于实施卓越法律人才教育培养计划的若干意见 [EB/OL]. (2011-12-23)[2023-10-11]. http://www.moe.gov.cn/srcsite/A08/moe_739/s6550/201112/t20111223_168354.html.

一、我校现状

"法律翻译"课程①是浙江理工大学的一门MTI选修课程，旨在为MTI笔译方向的学生提供法律翻译的学习场景，主要教授法律文体特征和翻译技巧，培养学生法律翻译素养和能力。MTI学生在经过一个学年的专业必修课学习后，会选择若干门有兴趣、具备院校特色的专业选修课，以开阔翻译实践视野、接触最新技术。学生多会选择"纺织类翻译"②"机器辅助翻译"等课程，"法律翻译"也是热门课程之一。结合时代背景，近几年正值我国法治建设的加速期，无论是企事业单位，还是公民个人都处在加强法治建设、强调企业合规、提升个人信息保护的大环境中。MTI学生对"法律翻译"课程的兴趣与日俱增，选课人数逐年递增，这是一个积极的信号。

笔者在教授"法律翻译"过程中发现，MTI生源虽然比学术硕士的专业背景更多样化，但掌握法律基础知识或接触过法律类文本的学生可谓寥寥。随着课程选课人数不断增加，笔者感受到了一系列挑战：首先，由于学生欠缺法律基础知识，译文的措辞和句子架构与规范的法律类文本差距较大；其次，正是意识到了上述问题，学生的学习诉求更明确，这对招生院校、开课学院和授课教师都提出了更高要求。除了在授课过程中导入必要的法律知识之外，参考平行文本和利用语料库可以为本门课程教学提供一个有效可行的路径。2021年开始实施的《中华人民共和国民法典》（以下简称《民法典》）为本课程提供了法律文本的应用场景和学习素材，极具参考价值。

二、《民法典》的适用性

课堂上讨论具体词语的翻译和整体句子框架构建时，引入平行文本进行说明、论证译文的准确性是MTI教学中的常用方式，"法律翻译"课程的教学亦是如此。教师在教学时可以将英文文本置于我国法域的语言环境中，找到我国的相应法律，参照相应条文的英文版，寻找英文文本的准确汉译。这一教学思路要求教师熟练掌握法律的规范性文本，并且实时跟进法律的更新和

---

① 2021年经上级教育指导委员会指示以及学校和学院两级论证，"法律翻译"课程从2021级开始并入"翻译工作坊"，成为其中一个授课模块。
② 该类课程与浙江理工大学的特色专业相关。

发展动向。2021年之前，我国民商事法律多法林立，对法律穷尽性地查阅难度较大；仅查阅或比照一部法律就对译文质量加以评判会有以偏概全之嫌，而比较多部法律则耗时耗力，有时还可能面对不同法律措辞不同的问题。

《民法典》是我国第一部以"法典"命名的法律，是我国市场经济的基本法，是人民群众生活的基本行为准则，更是法官依法判决民商事案件的重要依据。《民法典》共七编，分别是总则、物权、合同、人格权、婚姻家庭、继承、侵权责任，涵盖了民商事领域所有行为准则，它的发布是我国依法治国的重要体现。根据《民法典》第一千二百六十条规定，该法典施行后，之前民商事法律范畴的《中华人民共和国婚姻法》《中华人民共和国继承法》《中华人民共和国民法通则》《中华人民共和国收养法》《中华人民共和国担保法》《中华人民共和国合同法》《中华人民共和国物权法》《中华人民共和国侵权责任法》《中华人民共和国民法总则》同时废止。《民法典》对上述九部法律进行了整合。这部"国之重器"的出现顺应了新形势下各行各业的规范化需求，对MTI法律翻译类课程亦有着积极的借鉴意义。《民法典》能够为MTI法律翻译类课程的教学提供极佳的平行文本，为翻译实践提供一站式的检验模板。用其指导翻译实践，能够最大限度地保证译文质量，对法律翻译类课程的教学有事半功倍之效，原因如下。

首先，《民法典》实现了民商事法律的统一。如《民法典》第一章第二条所述，"民法调整平等主体的自然人、法人和非法人组织之间的人身关系和财产关系"，《民法典》实现了平等民事主体之间法律关系的大整合。在大的分类上，《民法典》与《中华人民共和国刑法》《中华人民共和国宪法》《中华人民共和国诉讼法》《中华人民共和国行政法》有着清晰的门类界限；同时，它也有别于同属民商法律的《中华人民共和国知识产权法》《中华人民共和国金融法》《中华人民共和国海商法》等法律。《民法典》是迄今为止我国最新的民事类法律规范，其所覆盖的内容（尤其是合同篇）与我校"法律翻译"课程的授课内容相关度极高，《民法典》能够为该类文本的翻译提供全面翔实的平行语料。此外，《民法典》也便于译者通过阅读深入理解相关篇章之间的立法关联，更好地构建对法律条文的理解，搭建认知层面的法律逻辑体系，从而有效进行法律翻译。例如《民法典》中的"第二编　物权"和"第三编　合同"，对担保物权相关条款进行整合，最大程度考虑了法律实施过程中的功能性、便利性和效率性。遵循这一立法逻辑有利于参考文本的译者厘清思路。

其次，《民法典》实现了语言的统一性。《民法典》将民事相关法律整合成册的同时，在语言上做到了统一，彰显了法典的权威性。参照《民法典》有助于译者最大程度地实现译文用词的准确性和统一性，避免因用词不一致而导致理解困扰。例如，比较在《民法典》颁布之前施行的两大民法法则，即《中华人民共和国民法通则》（自1987年1月1日起施行）和《中华人民共和国民法总则》（自2017年10月1日起施行），可发现前者第二条规定"民法调整平等主体的公民之间、法人之间、公民和法人之间的财产关系和人身关系"，后者第二条则规定"民法调整平等主体的自然人、法人和非法人组织之间的人身关系和财产关系"存在措辞不一致的情况。此外，《民法通则》正文共有51处"公民"（对应英文为citizen）指涉该法涉及的一类民事主体，例外仅出现在第二章的章名——"公民（自然人）"，以区别"法人"（对应英文为legal persons）。而《民法总则》正文对民事主体的称谓则均为"自然人"（对应英文为natural person）。这两种称谓在不同民商法中使用情况各有不同，如表9.1所示，这势必影响这些法律文本对翻译的参考价值。但是，《民法典》最大限度地避免了这种措辞不一致的现象，全文都采用了"自然人"这一种说法。

表9.1 《民法典》颁布前民商事法律中民事主体称谓统计

序号	施行日期	民商事法律	公民	自然人	公民（自然人）
1	1981-01-01	《中华人民共和国婚姻法》	0	0	0
2	1985-10-01	《中华人民共和国继承法》	18	0	0
3	1987-01-01	《中华人民共和国民法通则》	51	0	1
4	1992-04-01	《中华人民共和国收养法》	2	0	0
5	1995-10-01	《中华人民共和国担保法》	1	0	0
6	1999-10-01	《中华人民共和国合同法》	0	2	0
7	2007-10-01	《中华人民共和国物权法》	0	0	0
8	2010-07-01	《中华人民共和国侵权责任法》	0	0	0
9	2017-10-01	《中华人民共和国民法总则》	0	24	0

注：比较仅限于"公民""自然人""公民（自然人）"三种，表中数字为出现次数。

第三,《民法典》还体现了法律的兼容性。《民法典》参考了专家调研的结果,综合评价法律对中国市场创设营商环境的重要性,选择性地借鉴了其他国家的法律,具备一定的包容性。例如,"第五编 婚姻家庭"新增对"离婚冷静期"的规定,"第二编 物权"增加了对"海域使用权"作为可抵押财产的规定,"第三编 合同"新增了对居住权的规定,《民法典》"第一编 总则""第二编 物权""第三编 合同""第七编 侵权责任"都有对环境保护的规定等。再如,《民法典》第三百八十八条第一款在原有《中华人民共和国物权法》的基础上增加了担保合同(包括抵押合同、质押合同和其他具有担保功能的合同)的规定,这实际上是采纳了联合国功能主义的担保观念(朱虎,2020);《民法典》第四百一十六条引入了美国《统一商法典》中的价金债券"超级优先权"(谢鸿飞,2020)。以上列举的内容,实质是法治思维的更新,使得《民法典》在坚持社会主义特色司法理念的基础上,更接轨国际社会、面向未来,提高了与世界其他法域法律的兼容性。《民法典》与国外法律(包括大陆法系和海洋法系)在概念表述等方面存在相通之处,立法逻辑上也体现一定的共性。这样可以减少译者在翻译过程中因所涉法系、立法目的、关注视角不一致而可能遭遇的概念混淆、文化缺失等方面的困惑。

综上,《民法典》是我国法律建设道路上前行的一大步,也为MTI法律翻译课程的教学和实践提供了一个权威的平行文本、一个可以实现一站式检索的语料库。笔者自2017年开始教授MTI"法律翻译"课程,2021年尝试将《民法典》引入课程教学,基本实现了对学生译文质量的准确把控,在课堂论证时也能够做到有理有据。相较之前的译后讲评,有《民法典》作为参考文本的课堂教学更高效便捷、更具说服力,受到学生的欢迎。下文中,笔者将以某商务合同中2个例句为例,具体说明。

三、案例解析

例1原文 The buyer **loses the right** to rely on a lack of conformity of the goods if he does not give notice to the seller specifying the nature of the lack of conformity within a reasonable time after he has discovered it or **ought to** have discovered it.

例2原文　In any event, the buyer loses the right to rely on a lack of conformity of the goods if he does not give the seller notice thereof at the latest within a period of two years from the date on which the goods were actually handed over to the buyer, unless this time-limit **is inconsistent with** a contractual period of guarantee.

例1和例2的原文摘自一份商事合同，系其中上下相邻的重要条款，意在约定无过错方向过错方主张后者履约行为与合同约定不符的权利以及行使相关权利的有效期限。虽然只有两个句子，部分内容存在重复或类似表述，选修该门课程的MTI学生却无法提交令人满意的译文。学生纷纷表示他们在各种数据库（如北大法宝）中查询了词义，但对译文依旧存疑，却又找不到症结所在。笔者以《民法典》为参考分析了译文。由于篇幅关系，本章仅对学生译文中对句式或核心词组的处理进行论述。

1. 动词及动词词组的翻译

（1）lose the right

表9.2统计了学生作业中lose the right的译文情况。

表9.2　学生作业中对lose the right的翻译

类别	数量（个）	① The buyer **loses the right to rely on** a lack of conformity of the goods
1	13	否则买方将**丧失**对货物规格不符提出申诉**的权利**。
2	2	则买方将**失去**声明货物不符合同**的权利**。
3	2	则买方**不再享有**声称货物与合同不符**的权利**。
4	1	买方便**无权适用**货物不符合同规格的规定。

单纯地从词汇层面看，表9.2中的4种译文都没有错，译文明确了买方不行使合同赋予的权利可能招致的消极后果。其中将lose译为"失去"系常见译法，其与出现频率最高的"丧失"都是lose的正确意思。在《汉字解形释义字典》，"丧"的释义2为"失去，丢掉"，"失"的释义1为"丢掉，遗失"（吕景和，2016：541）。《新华字典》中也用"失去"一词作为"丧"字的主要解释。

但是从语义和语言使用场景分析，不难发现两者存在区别。《说文解字》中对"丧"字的解释为："亡也。从哭。从亡。会意。亡亦声。息郎切。"（许慎，2013：29）《汉字解形释义字典》注解，"（丧）字的下部又加'亡'（逃亡；死）旁表声兼会意"（吕景和，2016：541）。因"丧"字含有"逃亡，死亡"之意，故"丧失"较之"失去"语气更强烈、态度更决绝，更适合严肃文体的语境，且无丝毫商榷余地。有学生据此主张"丧失"过于强硬，应选择较为温和且体现合同双方平等地位的"失去"一词；另有学生认为"丧失"与法律文本的语境契合；还有的表示"丧失"一词侧重于表示"不该失去却失掉了"，且多用于描述抽象事物，"失去"则泛指原来拥有的东西没有了，语义较前者轻。以上仅为词汇语义层面的讨论，无法有效地确定这两个词在该文本中是否适用。少数学生称"无权适用"或"不再享有……权利"在措辞上似乎更契合法律文体，但这依然停留在个人对词汇的感受和认知之上，同样缺乏相应的法律层面的论据作为支撑。

随后，笔者展示了这两个词在《民法典》中的检索结果，包括其使用频率及其搭配情况：《民法典》中"失去"共出现4处，所搭配词语多为"控制、音讯、宅基地"；而"丧失"共出现30处，所搭配词语有"能力，代理权，权益，占有，商业信誉"，偶有"父母，基础，功能"等。"不再享有……权利"和"不再适用"两种表述在《民法典》中均未出现。在展示检索结果之后，笔者引导学生体会"丧失"在合同类文本中的语义和使用逻辑，同时将其和"失去"进行比较；最后，师生形成以下共识：本合同条款中的lose译为"丧失"更符合平等民事主体之间订立合同的语言场景。民事主体双方通过条文明确各自的权利义务关系，一旦权利方怠于行使合同约定的权利而导致权利不再时，其同样需要承担可能发生的法律后果。以合同为依据，便于在诉讼发生时辨明双方的法律责任，这也体现了"法律不保护躺在权利之上的睡眠者"这句法谚。而"失去"一词更适用口语化语境，从该词在《民法典》中的使用场景可见，其多是对情况或事实的叙述或描述，与合同各方的权利或义务无关，即"失去"一词的使用场景与合同文本契合度并不高，并非本句中核心动词lose的理想译文。

（2）be inconsistent with ...

表9.3统计了学生作业中be inconsistent with的译文情况。

表9.3 学生作业中对be inconsistent with的翻译

类别	数量（个）	③ **unless** this time-limit **is inconsistent with** a contractual period of guarantee.
1	1	/（遗漏或翻译错误）
	1	若合同规定了**不同的**保证期限，则另作考虑。
	1	除非该时限位于合同规定的保证期限**之外**。
	1	但合同对货物质量保证期**另有约定的**，从其约定，不适用该两年的规定。
2	9	除非这一时限与合同规定的保证期限**不符**。
3	5	除非这一时限与合同规定的保证期限**不一致**。

由表9.3可见，词组 be inconsistent with 的译文类别1与句子其他部分结合更紧密，类别2和类别3中词组 be inconsistent with 的译文则更多地体现了其字面意思，直接处理为"不符"和"不一致"。通常情况下，"不符/不符合"和"不一致"会被认为是一组近义词，两者间的细微差异容易被忽视，且两者的语义差别也没有"失去"和"丧失"那组明显。"不一致"在《民法典》中的使用情况如表9.4所示。

表9.4 《民法典》中含有"不一致"的条款

类别	条款	法条表述
1	第二百一十七条	应当与不动产登记簿一致；记载**不一致的**，除……确有错误外，**以不动产登记簿为准**。
	第五百一十二条	……载明时间与实际提供服务时间**不一致的，以实际提供服务的时间为准**。
	第六百二十四条	……与买受人和第三人约定的检验标准**不一致的，以出卖人和买受人约定的检验标准为准**。
2	第二十五条	……经常居所与住所**不一致的**，经常居所（应当）视为住所。
	第四百六十六条	……各文本使用的词句**不一致的**，应当根据合同的……予以解释。
	第四百九十八条	……格式条款和非格式条款**不一致的**，应当采用非格式条款。
	第一千一百八十二条	被侵权人和侵权人就赔偿数额协商**不一致**……由人民法院根据实际情况确定赔偿数额。①
	第一千一百八十七条	……赔偿费用的支付方式。协商**不一致的**，赔偿费用**应当一次性**支付……
3	第六十五条	法人的实际情况与登记的事项**不一致的，不得**对抗善意相对人。

注：此处逻辑暗含"应当"的意思。

据表 9.4 所示,《民法典》中"不一致"共出现 9 处（涉及 9 个条文）；不符合/不符在《民法典》中使用频率如下："不符" 0 个，"不符合" 39 个。"不符合"后面接的宾语具体有：约定（31）、（质量）要求（4）、使用目的（1）、强制性标准（1）、减价条件（1）、受益人真实意思（1）。

随后，笔者提醒学生思考：词组在使用频率上的优势能否说明"不符合"（39 次）一定优于"不一致"（9 次）？在比较具体法条之后，大家总结道：《民法典》条文中出现在"不符合"之后的内容多论及过错方责任和义务的履行，抑或是无过错方权利的行使。所以，"不符合"所涉事项多充当涉事方权利或义务触发的条件。而《民法典》条文中，出现在"不一致"之后的内容则是在上述不一致的两个或多个事项中选取其中之一，以便形成最终的判定标准，其措辞多为："以……为准"（见表 9.4 中类别 1）、"应当……"（类别 2）、"不得……（类别 3）"。通过上述对《民法典》条文中出现的两种表述所包含的法律逻辑的分析可知，例 2 整句的表达符合"在两个事项中选取其中一项"的意思，故动词词组 be inconsistent with 译为"不一致"更合适。设计此类条款的主要目的是排除某种可能性对所述事项产生的干扰，从而更好地起到定分止争的作用。

从逻辑上分析，原文合同设计例句 2 的目的是，当时间一（"两年"）和时间二（合同可能明确约定的其他有效期）这两个由买方主张卖方合同履行不一致的时间发生竞合时，确定应该如何取舍（已有约定的从其约定，未作约定的则遵循两年的有效期）。原文条款中的两个句子，实质是对合同涉事方因对方的"履行不符合合同约定的情形主张相关权利"进行了相关约定，约定无过错方主张该项权利的一般期限，以及合同中另有约定时的情况。虽有行文烦琐之嫌，但条款设计思路清晰，即通常适用时间一（"两年"）的有效期，但若合同中另有明确约定（即存在时间二），则从其约定（不受两年有效期的限制）。这种略显累赘的表述体现了法律语言有别于普通文体的特征。

（3）ought to

表 9.5 统计了学生对 ought to 的翻译，有的将其译为"理应""应当""本应（该）"等，其中"理应"占了多数，"本应（该）"和"应当"较少。当询

问学生选择"理应"的理由时,学生的回答是"应当"的表述偏强硬。这又是一种基于个人对词语解读、缺乏支持观点的观点。

表9.5 学生作业中对ought to的翻译

类别	数量(个)	② if he does not give notice to the seller specifying the nature of the lack of conformity within a reasonable time after he has discovered it or **ought to** have discovered it.
1	10	买方应在发现或**理应**发现该情况后的合理期限内通知卖方,说明不符合同情况的
2	3	买方应在发现或**应当**发现货物不符合合同要求的合理期限内通知卖方
3	3	若买方发现或**本应该**发现货物不符,但未在合理期限内通知卖方
4	2	买方应发现货物规格不符及**应**在发现货物规格不符后合理时间内通知卖方说明

通过查阅《民法典》可以发现,《民法典》中没有出现"本应(该)"或"理应"。反之,在《民法典》中搜索"应当知道",笔者发现了27处(共涉及15条法条),且其使用范围颇广,出现在"第一编 总则"(10)、"第二编 物权"(3)、"第三编 合同"(12)、"第五编 婚姻家庭"(1)、"第七编 侵权责任"(1);表述大多为"知道或者应当知道"。细分之下,发现这类"动词+或者+应当+动词"的表述中还共存在两处否定形式(第一百七十四条和第九百八十六条);否定结构和肯定结构的区别还体现在连接词上面:肯定形式为"知道或者应当知道",否定形式为"不知道且不应当知道",体现了严谨的法律逻辑。

又如,《最高人民法院关于审理利用信息网络侵害人身权益民事纠纷案件适用法律若干问题的规定》第六条对《民法典》第一千一百九十七条中的"知道或者应当知道"进行了详细定义,可见"动词+或者+应当+动词"的表述已成为我国民商事类法律文本中较为固定的表述方式。综上,原文条款中的has discovered it or ought to have discovered it应该译为"发现或者应当发现"。

2. 句式选用

表9.6统计了学生译文中的句式。

表9.6 学生译文中的句式统计

类别	数量（个）	② if he does not give the seller notice thereof **at the latest within a period of two years from the date on which the goods were actually handed over to the buyer**
1	6	……如果买方**最迟未在**实际交付货物之日起两年内向卖方**发出通知**
2	2	……如果买方**不在**实际收到货物之日起两年内将货物不符合同情形**通知卖方**
3	8	……如果买方**未在**实际收到货物之日起两年内**通知卖方**货物与合同不符的情况
4	1	买方**必须在**签收货物之日起两年内**通知卖方**货物与合同要求不符
5	1	……若买方**没有在**实际收到货物后的两年以内，将不符合同的规格**通知卖方**

本句包含否定含义，难点和重点是需要结合at引导的时间状语分析句意。针对学生译文中出现的五种句式，笔者摘录了相关表述在《民法典》中的使用情况：

1. "最迟未在……"（0处）；

2. "不在……"（1处）："不在此限"（第一千一百六十一条）；

3. "未在……"（4处）："未在合理期限内……"（第五百二十二条、第五百五十二条）、"未在保证期间……"（2处，第六百九十三条）；

4. "必须……"（4处）："必须利用"（第二百九十一条、第二百九十二条）、"必须由……自行完成"（第七百九十一条）、"必须表示……的真实意思"（第一千一百四十三条）。

5. "没有……"（136处）：后面搭配的有名词或动词（例如"通知""约定""行使……权利"），其中与"期限"相关的共有19处，表述均为"在……期限没有约定……"。

经过比较可知，学生作业中第3种表述（未在某时间段内完成某事）和《民法典》中的4处"未在……"的句式和语义一致。

（二）《民法典》用作平行文本

《民法典》相关核心条款如下：

第三编 合同 第六百二十一条

当事人约定检验期限的，买受人应当在检验期限内将标的物的数量或者质量不符合约定的情形通知出卖人。买受人怠于通知的，视为标的物的数量或者质量符合约定。

当事人没有约定检验期限的，买受人应当在发现或者应当发现标的物的数量或者质量不符合约定的合理期限内通知出卖人。买受人在合理期限内未通知或者自收到标的物之日起二年内未通知出卖人的，视为标的物的数量或者质量符合约定；但是，对标的物有质量保证期的，适用质量保证期，不适用该二年的规定。

出卖人知道或者应当知道提供的标的物不符合约定的，买受人不受前两款规定的通知时间的限制。

一旦主题契合，《民法典》中的相关条款完全可以充当法律翻译的平行文本，直接参考。如《民法典》第六百二十一条中的一些表达方式，"在……期限内……""不符合约定"和"知道或者应当知道"，可以作为翻译研究对象例 1 和例 2 原文中的"within a period of ..."、"the nature of the lack of conformity"和"has discovered it or ought to have discovered it"等表达的译文参考。参考上述《民法典》相应条款的措辞，例 1 和例 2 原文应译为：

例 1 译文：买方在发现或应当发现货物不符合约定后，未在合理时间内通知卖方货物不符合约定的情形的，丧失主张货物不符合约定的权利。

例 2 译文：买方未在实际收到货物之日起两年内将货物不符合约定的情形通知卖方，将丧失主张货物不符合约定的权利，除非这一时限与合同约定的保证期限不一致（或：另有约定保证期限的，适用其约定）。①

其中，does not give notice to the seller ... 既可以依照《民法典》第五百二十二条、第五百五十二条和第六百九十三条译为"未在……通知出卖人"；也可以参照《民法典》第六百二十一条中的表述，译为"在……未通

---

① unless this time-limit is inconsistent with a contractual period of guarantee 译为"除非这一时限与合同约定的保证期限不一致"，或者结合上下文的语义译为"另有约定保证期限的，适用其约定"。

知出卖人"。例1、例2原文中使用了引导条件状语从句的关联词if和in any event，明确了英文句子中含有"条件—结果"的逻辑关系；但在中文译文中，我们完全可以通过上下文判断出本句中含有"条件—结果"逻辑关系，因此中文译文中可以省译关联词"如果"。

四、结　语

法律英语属于专门用途英语，专门用途英语作为专业特色鲜明的一个英语分支具有极强的应用属性。设置专门用途英语翻译课程的目的是更好地服务相关行业，授课教师除了使用通识课程的授课方式之外，还应该具备适合该类文本翻译的专用教学方法和思路。比如，本章谈及的利用《民法典》这类行业权威的文本进行有效的检索和借鉴，可以引导学生置身于该类文体的真实语境之中，遵循其措辞、行文习惯和特色，考虑文本编撰过程中各方角色以及形成文本的最终目的，以实现原文和译文的最大等同。

PART 2
实践篇

LEGAL ENGLISH
TRANSLATION STUDIES
THEORY AND PRACTICE

译者在积累了必要的法律英语翻译理论、具备了较高的语言素养之后，需要投入翻译实践中，亲身经历解读原文、句子排布、推敲选词等整个翻译的过程。只有体味此过程中"为伊消得人憔悴"的苦乐，译者才有可能达到"蓦然回首，那人却在灯火阑珊处"的境界。

第十章

法院文书翻译案例分析：民事案件

民事案件是法律案件的一大类别，涉及面广而且杂，若文本中有涉外因素则必须翻译。民商事类案件的涉外因素多见于婚姻家事类诉讼，相关文本翻译也有一定的市场需求。本章以笔者参与的一起离婚诉讼案的证据文件翻译为例，分析该类文本翻译时的注意事项。

本起案件中，原被告双方因离婚事由，申请法院做出民事判决书。双方在婚姻存续期间在英国购买了房产，需要持中国法院做出的民事判决书等法律文书到英国申请执行财产，进行分家析产。该案需要翻译的法律文书包括双方调解离婚的补充协议、法院作出的民事判决书、离婚证明书等。

离婚类的民事判决书是当事人通过法院渠道申请翻译的民事法律文书中的常见文本。根据《中华人民共和国涉外民事关系法律适用法》《最高人民法院关于适用〈中华人民共和国涉外民事关系法律适用法〉若干问题的解释（一）》第一条的第三和第四款规定，涉事原被告系婚姻中的双方，其标的物（婚内共同财产）在中华人民共和国领域外，且产生民事关系（结婚）的法律事实发生在中华人民共和国领域外，民事关系属于涉外民事关系，因此需要中国法院（本案中系浙江省高级人民法院）提交法律文书并申请域外执行。本次翻译实践为汉译英，笔者发现有几处细节需要仔细推敲，单纯使用翻译软件无法实现对原文正确的理解和翻译。

一、文化常识的差异

例 1　男、女双方婚内共同取得的位于英国伦敦 66 Commodore House, 2 Admiralty Avenue, London, **E1 62PY** 的房产（HM Land Registry Title Number:

TGL1234567）。经双方协商一致，该房产归男方一人所有，自 2021 年 11 月 15 日起的剩余未归还按揭贷款本息由男方自行承担。

例 1 原文中提供的英文部分为夫妻在英国的共有房产相关信息，地址之后一串英文代码的意义颇费思量。虽然此处信息已是英文，无须翻译，但它的性质在很大程度上会影响本句译文的遣词造句。E1 62PY 的含义至少存在几种可能：

1. 房产户型代码（标识了房产的构造和房间数量）；

2. 房产编号（类似对具体地址的缩写或代称），遵循一房一号原则。

若是第 1 种可能，译文宜为：**The house** jointly acquired by both parties during marriage, located at 66 Commodore House, 2 Admiralty Avenue, London, UK, **E1 62PY** (HM Land Registry Title Number: TGL1234567), upon mutual agreement of both parties, belongs to the male party alone, and he shall bear the remaining principal and interest of the mortgage loan since November 15, 2021.

代码 E1 62PY 作为房产的一个重要信息，出现在地址之后，译文保留原文的结构，但需要将"房产"一词译为 the house 或 the real estate，且提到句首充当主语。

若是第 2 种可能，则 E1 62PY 是该房产区别于其他房产的关键信息，或可充当主语，其后出现"房产"二字则是由于中文的行文习惯，在英文中或可省略，那么译文的主语就是 E1 62PY，其后是 jointly acquired by both parties during marriage, located at 66 Commodore House, 2 Admiralty Avenue, London, UK (HM Land Registry Title Number: TGL493663)...

由于网上可获得的有关英国房产的信息甚少，笔者询问了定居英国伦敦的朋友，对方告知该代码系邮编（邮寄号码）。和我国使用纯数字组合的邮编不同，英国邮编由字母和数字构成，开头的字母代表城市或地区。以 SE1 2HB 为例，第一部分 SE1 中，SE 表示伦敦东南部（area），1 为区域（district）缩写，第二部分中 2（sector）HB（unit）是专门编制的地域号。例 1 中出现的代码 E1 62PY 中，E 代表 East London，1 代表东部伦敦的某个地区，而

62PY则具体对应该地区的某个街区。至于原文括号中的内容"HM Land Registry Title Number: TGL1234567"则为土地注册处业权编号，类似我国房屋产权证上的房屋产权证号。知晓了该代码为邮编号码，笔者确定采用第1种译文，参照英文地址写法，将其作为一项重要的信息置于地址中最大单位之后。

翻译本句时的困扰是译者对英国邮编规则不熟悉，且受制于中国邮编以纯数字编制的思维定式所导致的。可见文化差异无处不在，译者对文化差异的积累不能停歇。

二、法律概念的差异

（一）人民陪审员

例2　People's assessor vs. People's juror

陪审团（jury）制度和陪审员（juror）是海洋法系（即英美法系）的产物。陪审团制度，是指由特定数量的有选举权的公民参与决定是否起诉嫌犯、嫌犯是否有罪的制度。美国法律规定，每个成年美国公民都有担任陪审员的义务。中国也有相应制度，确切地说应该是"人民陪审员"制度；人民陪审员是依照《中华人民共和国人民陪审员法》产生的、在法院的审判工作中同法官有同等权利（除法律另有规定外）的公民。

中文语境下的陪审员是基于我国法律产生的人民陪审员，和英语语境下的陪审员是两个不一样的概念，而且两种法律背景也不一样。中国的人民陪审员在任命资格、选任方式和任期、参审范围、适用的案件范围、人数和所占比例等方面都和英美法系的陪审员有着较大的差别。有学者（丁相顺，2012）明确指出：若按照世界比较法学界将民众参与司法的类型划分为陪审制和参审制来看，中国实行的民众参与审判制度属于参审制。英美法系的陪审员英文表述为juror，而我国法律制度下的人民陪审员则应称为people's assessor。即使一些中文文本中仅出现"陪审员"，基于对中国人民陪审员制度的了解，译文中也应该涵盖the people's（人民的）之意。这不仅仅是文字的对应或区别，更涉及两类法律体系的底层逻辑差异。

（二）婚生、非婚生

例 3　由于婚生女儿是英国国民，不能作为中国公民享受免费义务教育和医疗……

有道译文：As the **daughter born out of wedlock** is a British national, she cannot enjoy free compulsory education and medical care as a Chinese citizen ...

必应译文：Since a **daughter born in wedlock** is a British national, she cannot enjoy free compulsory education and medical care as a Chinese citizen ...

Google 译文：Since **the legitimate daughter** is a British national, she cannot enjoy free compulsory education and medical care as a Chinese citizen ...

在本句汉译英多个版本中，关键差异均在于对"婚生女儿"的处理上，有道、必应和Google分别译为daughter born out of wedlock、daughter born in wedlock和the legitimate daughter，前两者意思大相径庭。词组 out of ... 存在多个意思，其中 used as a function word to indicate origin，source，or cause（"由于，从"）的释义似乎能够证明有道译文存在之合理性：孩子是基于婚姻而产生，即婚生子女。但 out of ... 的另外一个解释 used as a function word to indicate exclusion from or deprivation of（"在……范围之外"），无疑否定了有道的译文。相较之下，必应译文正确。born out of wedlock 应该理解为"婚外"，即两人的女儿为"非婚生"，这与例 3 原文中"婚生"的意思背道而驰。法律文本极为严肃，其翻译应避免任何歧义，更何况是含有相反意义的措辞。例 3 中表示"婚生女儿"的译文不可采用 born out of wedlock。

相比之下，在"婚生子女"的各种译文中，legitimate children 最能体现法律文本的特征，与该类文体的契合度最高。

三、原文信息的干扰

例 4　原告与被告于 2011 年 9 月 24 日在英国爱丁堡中部区登记处办理了英国的结婚登记手续……原告与被告于 2012 年 5 月 24 日在中华人民共和国浙江省××市民政局再次办理结婚登记手续。

译文：On September 24, 2011, the plaintiff and the defendant went through the marriage registration formalities in the Central District Registry Office of Edinburgh ... On May 24, 2012, the couple went through the formalities of marriage registration in × × Civil Affairs Bureau in Zhejiang Province, China.

由原文可知，原被告与被告共有过两次结婚登记行为，地点分别在英国爱丁堡和中国浙江省，分别是基于行为发生地和国籍国的法律需要，实质是基于不同的法律规定在两个国家各办理了一次婚姻登记。中文表述"再次办理结婚登记手续"中的"再次"和通常意义的"再次"有着本质差别。例4原文摘自该案的离婚判决书，系法院做出的效力文本，按照原文翻译时需要谨慎考虑用词的准确性。

中英两国的法律规定中都存在重婚罪的罪名。根据英国法律，重婚是一种犯罪，可以判处监禁。在我国，《中华人民共和国刑法》第二百五十八条规定："有配偶而重婚的，或者明知他人有配偶而与之结婚的，处二年以下有期徒刑或者拘役。"本罪侵犯的客体是一夫一妻制的婚姻关系。虽然原文和译文都体现了前后两次婚姻登记的双方均为原告和被告双方，但如果译者因为原文中"再次办理结婚登记手续"的表述而在译文中使用含有重婚嫌疑的措辞（例如：go through marriage registration formalities again）则必定不妥。另外，中国法院也应该在尊重事实的基础上，保证文书撰写措辞的严谨性。遵循原文是翻译的一项基本原则，但是当原文出现错误，抑或不严谨、出现可能引发歧义的表述时，译者需要运用储备的法律知识，准确理解原文的真实意思，而非一味地盲从原文。

四、偶发的巧合

例5　原告：×××，女，××××年×月×日出生，中华人民共和国国籍，汉族，住中华人民共和国浙江省杭州市西湖区枫华府第1幢12××室……

译文1：Plaintiff: × × ×, female, born on × ×, × ×, × × × ×, nationality of the People's Republic of China, ethnic Han, living in Room 12 × ×, **Building 1,**

Fenghuafu, Xihu District, Hangzhou city, Zhejiang Province, People's Republic of China ...

译文 2：Plaintiff：×××, female, born on×× , 19××, nationality of the People's Republic of China, Han nationality, residing at Room 12××, **Building 1**, **Fenghua Mansion**, Xihu District, Hangzhou City, Zhejiang Province, the People's Republic of China ...

例 5 译文 1 和译文 2 对地址"枫华府第 1 幢 12××室"的处理方式存在差异：前者将楼盘名字译为 Fenghuafu，后者则译为 Fenghua Mansion。通过查阅，笔者发现"枫华府第"是杭州某楼盘的名称。显然，译文 1 对楼盘名字采用直接音译，因断句错误而使译文有误。在中文中，"府第"和"府"可以视为同义词，"府第"在封建朝代指贵族官僚或大地主的住宅。现在将"××府"或"××府第"作为楼盘名称，多指气派、富贵的居所地，本质是开发商对楼盘的一种美化。因此，两者都应该译为 mansion，例如北京的宁郡王府（Mansion of Commandery Prince Ning）、恭王府（Prince Gong's Mansion）。即使楼盘名字是"枫华府"也应该译为 Fenghua Masion，不存在 Fenghuafu 的译法。

虽然例 5 中对住所信息的错误理解和翻译并不影响案件的定性，但因为这类专有名词是涉及当事人身份、财产等事项的重要信息，译者必须认真对待。若该地址恰巧是本次申请执行的房产，信息的失真必然导致翻译目的无法实现，造成法院本次域外法律文书传递行为无效，既耽误申请人的申请进程，又造成司法资源的浪费。

针对这类专有名词的翻译，直接查阅相关资料以验证译文的准确性是最快、最保险的途径。翻译例 5 时，也可以思考中文的行文习惯，最大程度地避免误译。在中文的书写习惯中，地址的一般顺序为"城市+街道+小区名+幢+单元+房号"，其中房屋的幢、单元和房号之前都有数字；如果套用英语对数字的分类（基数词和序数词），这些数字应为基数词，非序数词。例如，浙江理工大学的地址为浙江省杭州市钱塘区 2 号大街 928 号，杭州市律师协会地址为浙江省杭州市上城区凤起东路 207 号中豪五福天地 B 座 1 号楼 10

层，两者中并未出现"第2号大街""第1号楼"这类带有序数词的表述。按照此逻辑，原文地址中的"枫华府第"为小区（楼盘）名称，"1幢12××室"为具体地址，因此，该住址应译为Room 12××，Building 1，Fenghua Masion（或直接音译为Fenghuafudi）。只要译者在使用翻译软件时保持一定的自主性或有意识地参照相关的生活常识，此类失误就可以避免。

主流翻译软件出现误译的原因或可以追溯至翻译软件的工作原理。现在主流翻译软件都使用"统计机器翻译（Statistical Machine Translation，SMT）技术"。统计机器翻译是一种通过对大量的平行语料进行统计分析，构建统计翻译模型，进而使用此模型进行翻译的技术。翻译软件通过概率找出最有可能的译文组合。当检测到原文"枫华府第1幢"时，翻译软件显然关注到了"第"字，根据统计机器翻译技术将原文拆分为"专有名词+第+数字"三项，并通过语料库统计，判断在三者之间后两者的联系更为紧密，故而将"枫华府第1幢"拆分为"枫华府+第1幢"；或者基于统计分析，翻译软件判断楼盘名称中"××府"的使用概率大于"××府第"。

当译者知晓了翻译软件的工作原理，便能体会到：翻译软件作为辅助翻译的手段，的确能够帮助译者提高翻译效率、质量，但机器并非人脑，译者不能过分依赖翻译软件。

五、结　语

和刑事法律文本涉及大量犯罪相关措辞不同，民事法律文本内容大多与日常生活有关，其涉及面较为广泛，翻译民事法律文本时，译者面临的考验不仅仅来自法律常识、法律术语和句式等方面，还可能来自风俗、文化和各专业领域。因此，在从事与文化有着密切联系的文本翻译时，译者切不可过分依赖翻译软件。虽然本章讨论的翻译离婚案件文本时需要注意的若干事项有其特殊性，但通过对本章的学习，译者可以举一反三，认识民事法律文书翻译的特点。

第十一章

法院文书翻译案例分析：刑事案件

　　刑事法律文书有着一套不同于民事法律文书的逻辑和措辞。词是翻译时需要考虑的最小语言单位，是最基础的也是最根本的要素；句子架构固然重要，但词汇的选择却能在很大程度上决定事件的走向。本章所探讨的词包含法律文书中出现的核心动词、名词、形容词、副词和助词等。笔者认为在刑事法律文书的汉译英实践中，对词性的把握极其关键，但这点常被忽视。

　　本次翻译实践素材来自笔者承接的一起涉外刑事案件，文书包括起诉书、公诉意见书、询问提纲、举证提纲、辩护词、判决书等。本章所选的例子均来自本案的中文判决书，英文译文则由笔者提供。

一、动　词

　　例 1　被告人 A、B 部分犯罪事实未遂，①可以比照既遂犯从轻或者减轻处罚；被告人 B 在共同犯罪中起到次要、辅助作用，系从犯，②应当减轻处罚。被告人 A、B 如实供述，自愿认罪认罚，③予以从宽处罚。辩护人的相应意见④予以支持。公诉机关对该二被告人量刑建议适当，⑤应予采纳。①

　　译文：Defendants A and B attempted some of the facts of the crime, which ① **may** be given a lighter or mitigated punishment compared with those who completed the crime; the defendant B, who played a secondary or auxiliary role in the joint crime, is an accessory offender and ② **shall** be given a mitigated punishment. The defendants A and B, considering their truthful confession and voluntary attitude in pleading guilty and accepting punishment, ③ **may** be granted

---

① 本章例文中的编号、粗体均系笔者添加，以示突出。

118

lenient punishments. The corresponding opinions of their defense lawyers ④ **shall be** supported. The public prosecution organ's suggestion on sentencing the two defendants is appropriate and ⑤ **shall** be adopted.

能愿动词是中文法律文本中十分重要的一类词，在判决书等文本中高频出现；它的使用在根本上决定了语义的轻重缓急，在判决书文本中尤为关键。中英文两种语言的差异表现为前者往往省略连词等表示逻辑联系的词，讲求意合；后者则注重语法和句法结构，通过句法手段或词汇手段实现内部的连接或句子间的连接。两种语言的区别在例 1 中有充分体现。从字面上看，例 1 原文有三处能愿动词（①可以、②应当、⑤应），细读发现还存在两处隐含的能愿动词（③④予以），在逻辑上共有五处能愿动词。

在中文法律文本的条款中，含有"必须"的多属于义务性规范，规定一种责任，具有无条件性；含有"应当"的多是一种原则性的规定，但也允许例外和特殊情况存在；与"必须"相比，含有"应当"的法律规范表现出立法者的引导性指向；而含有"可以"的条款则属于授权性规范，这种规范的特点是法律赋予公民、法人或国家机关某种权利，实施与否由有关主体自行决定。在《中华人民共和国刑事诉讼法》（2018 年修正）中，上述三个词的使用频率分别为："应当" 398 次、"可以" 210 次、"必须" 29 次。厘清中文相关词之间的语义差别，对例 1 的翻译有重要意义。

首先，对例 1 中五处含有能愿动词的文字分拆解读，可得到以下发现。

1. 三处明确出现的能愿动词可以根据法律文本中的行文习惯进行翻译：

① "可以" 译为 may；

② "应当" 译为 shall；

⑤ "应（当）" 译为 shall。

2. 两处隐含的能愿动词，结合判决书文本特征和上下文意思，可作如下理解：

③ "予以" 之前含有表示"可以"或者"应当"的能愿动词，译为 may 或 shall；

④ "予以" 之前含有表示"一种事实"或者"应当"的能愿动词，可以不译或译为 shall。

其次，英美法系或判例法国家的法院做出的司法文书包含较多法官对法理的引述、对先前判例的引用以及自身的论述，或罗列各个法官不同的法律见解和观点。中国是成文法国家，撰写判决书需以法律条文为蓝本、以法院的名义做出，行文格式相对工整、措辞规范，不似前者较多地呈现为法官的个人论述和观点。因此，例 1 的翻译可以在已有法律的官方英译中寻找参考依据。例 1 涉及五处能愿动词①"可以"、②"应当"、⑤"应"、③"予以"和④"予以"前面省略的能愿动词。具体分析如下所示。

句① 被告人部分犯罪事实未遂，**可以**比照既遂犯从轻或者减轻处罚。

参考：《中华人民共和国刑法》第二十三条第二款：对于未遂犯，可以比照既遂犯从轻或者减轻处罚。

英文版：An offender who attempts to commit a crime **may**, in comparison with one who completes the crime, be given a lighter or mitigated punishment.① （国务院法制办公室，2015：15）

句② 从犯，**应当**减轻处罚。

参考：《中华人民共和国刑法》第二十七条第二款：对于从犯，应当从轻、减轻处罚或者免除处罚。

英文版：An accomplice **shall** be given a lighter or mitigated punishment or be exempted from punishment. （国务院法制办公室，2015：15）

以上句①中"（被告人部分犯罪事实未遂）可以比照既遂犯从轻或者减轻处罚"和句②中"（被告人系）从犯，应当减轻处罚"的表述能够直接找到官方英译文本。

句③ 被告人 A、B 如实供述，自愿认罪认罚，**予以**从宽处罚。

参考一：《中华人民共和国刑法》第六十七条第三款规定：犯罪嫌疑人虽不具有前两款规定的自首情节，但是如实供述自己罪行的，可以从轻处罚……

---

① 本节中的英文版译文均对应《中华人民共和国刑事诉讼法》（2012）的中文条款。

英文版：Even though a criminal suspect fails to voluntarily surrender as specified in preceding two paragraphs, he **may** still be given a lesser punishment if he confesses his crime truthfully ...（国务院法制办公室，2015：27）

参考二：《中华人民共和国刑事诉讼法》（2012）中多处"从宽处罚/处理"之前使用了能愿动词"可以"：

1. 第一百一十八条　第二款　侦查人员在讯问犯罪嫌疑人的时候，应当告知犯罪嫌疑人如实供述自己罪行可以从宽处理的法律规定。

英文版：When interrogating criminal suspects, investigators shall inform the criminal suspect of the legal provisions that those who truthfully confess their crimes **may** be allowed for leniency.（国务院法制办公室，2015：269）

2. 第二百七十九条 对于达成和解协议的案件，公安机关可以向人民检察院提出从宽处理的建议。人民检察院可以向人民法院提出从宽处罚的建议；对于犯罪情节轻微，不需要判处刑罚的，可以作出不起诉的决定。人民法院可以依法对被告人从宽处罚。

英文版：If a settlement agreement is reached in a case, the public security organ **may** make a recommendation of lenient punishment to the people's procuratorate. The people's procuratorate **may** give its suggestion to the people's court for lenient punishment. If the circumstances of the crime are minor and no criminal punishment needs to be imposed, the people's procuratorate **may** decide not to prosecute the case. The people's court **may** impose a lenient punishment on the defendant in accordance with the law.（国务院法制办公室，2015：327）

虽然在《中华人民共和国刑法》与《中华人民共和国刑事诉讼法》中不存在和判决书中"被告人如实供述，自愿认罪认罚，予以从宽处罚"完全匹配的措辞，但是上述多个法律条款都出现了"可以"和"从宽处罚"的搭配。因此，笔者认为句③中的未明确写出来的能愿动词也应处理为may。

句④　辩护人的相应意见予以支持。

此句和句③一样，"予以"前也缺省了能愿动词，其逻辑是表示"一种事实"或"应当"（shall），我们也可以从法律条文中寻找线索。《中华人民共和国刑事诉讼法》（2012）（具体条文见附录4）中"予以"一词共出现38次，表11.1统计了该词以及前面关联词的使用和翻译情况。

表 11.1 《中华人民共和国刑事诉讼法》（2012）中"予以"一词及其
关联词的使用和翻译

序号	"予以"频次	"予以"的意思	"予以"前面的关联词	"予以"的译文
1	1	表示已做出某行为	/	/
2	2	涉案方有权做出或有权申请法院做出某行为	"有权"	be entitled to ...
3	2	表示条件的陈述	"需要……的"	/
	4		"应当……的"	should
4	5	表示权利和选择	"可以"	may
5	21	表示法律的原则性规定	"应当"	shall
	3①		/	shall

虽然句④中"予以"之前未出现能愿动词，但其实质上包含了这个语意。中文的"予以"一词常作虚指，其后动词才是关键，例如"予以考虑"（即"考虑"，译为consider）、"予以奖励"（即"奖励"，译为reward）；且"予以"翻译为英语时多处理为may / will / should / could等情态动词。从字面分析，句④中"予以"一词的含义，可以排除表11.1中第2、3、4几种可能（这三者在"予以"前均有明确的与之搭配的能愿动词），那么只剩下第1种（表示已做出某种行为）和第5种（表示法律的原则性规定）两种可能，共性是"予以"前能愿动词缺省。若是第1种，则表示法院对辩护人意见已经采取支持态度，是法院对自身行为的明确说明；若是第5种，则和句⑤的"应予"含义一致，表示法律的原则性规定。两种可能似乎都有，暂不能证明哪个更加合

---

① 相关条款未出现"应当"一词，但含有该语义，译文也使用了情态动词 shall。

适。结合整个句子的措辞，笔者最终采取了补充情态动词shall并采用被动语态的译法。

句⑤ 公诉机关对该二被告人量刑建议适当，应予采纳。

参考：《中华人民共和国刑事诉讼法》第二百零一条：对于认罪认罚案件，人民法院依法作出判决时，一般应当采纳人民检察院指控的罪名和量刑建议，但有下列情形的除外……

该条为《中华人民共和国刑事诉讼法》（2018）新增条款，暂无官方英文译文可参照。因为句⑤已经明确使用"应（该）"，所以译为shall合适。参考类似表述也可得出此结论。

普通英语中shall和should较易混淆，它们也是法律文本中一组出现频率最高且容易混淆的情态动词。《中华人民共和国刑事诉讼法》（2012）英文版[①]全文出现情态动词shall共六百多处，对应中文文本中"应该"一词；出现情态动词should的有26个条款（共30处，详见附录3），除2例[②]译法存疑之外，其余均表示"条件"，或是对应中文"应当/需要……的"，或是少数条款[③]中的确包含有"条件"的意思，但在文字中却未出现相关能愿动词[④]。据此分析，should在《中华人民共和国刑事诉讼法》（2012）英文版中均用于表示法律条款的适用条件，与表示义务性规范的shall不同。因此，笔者将句5中的"应"译为shall。

例2 如不服本判决，可在接到判决书的第二日起十日内，通过本院或者直接向杭州市中级人民法院提出上诉。书面上诉的，应交上诉状正本一份，副本二份。

---

① 《中华人民共和国刑事诉讼法》（2018年修正）是该程序法的最新修正版本，截至本章撰写时尚未有英文出版物的更新。本书中引用的《中华人民共和国刑事诉讼法》英文条款是《中华人民共和国刑事诉讼法》（2012年修正）的英文译文，若无特别说明，条款编号也照此列示。
② 第一百六十条和二百零三条，其中should疑似应为shall，附录中相应条目序号处已用星号标注。
③ 涉及三个条款，分别为第三十五条、第四十条和第二百四十六条。
④ 此为笔者得出的结论，在附录中所列的条款相应缺省处已用△符号标注；相关条款在英文版本中均使用了情态动词should。

初 译：**Should** any disagreement arise from this judgment, an appeal **may be lodged** through the court or directly to the Intermediate People's Court of Hangzhou within 10 days from the second day of receiving the written judgment. In case of a written appeal, one original and two copies of the appeal letter **shall** be submitted.

例2原文看似简单，实则涉及若干法律规定。对刑法稍有涉猎且对语言敏感的译者，能够从本句的翻译延伸至对句中所蕴含法理的思考，其中，能愿动词的运用是关键。笔者的初译中"可"译为情态动词may，故"上诉"被解读为一种权利。对于提起上诉及相关事项，法律是将其全部定性为义务性规定（"必须"）、授权性规定（"可以"）、原则性规定（"应当"），抑或兼而有之？相关情况中的能愿动词"可以"能否都译为情态动词may呢？

首先，可以在相关法律文本中找寻类似表述，并参照其英文译文。在《中华人民共和国刑事诉讼法》（2018）中"可"字共出现270次，主要以词组形式出现（"可以""可能""许可"），仅有2次（第一百四十一条和第一百四十三条）单独使用。以上2次分别对应2012年版第一百三十九条①和一百四十一条②，其英文版③中都将单独使用的能愿动词"可"译为may。此外，《中华人民共和国刑事诉讼法》（2018）第一百一十二条也有"控告人如果不服，可以申请复议"的规定，对应2012年版的第一百一十条，其英文版④中"可以"也译为may。因此可以确定例2第1句中"可……提出上诉"

---

① 第一百三十九条 第一款 在侦查活动中发现的**可**用以证明犯罪嫌疑人有罪或者无罪的各种财物、文件，应当查封、扣押……

② 第一百四十一条 第一款 侦查人员认为需要扣押犯罪嫌疑人的邮件、电报的时候，经公安机关或者人民检察院批准，即**可**通知邮电机关将有关的邮件、电报检交扣押。

③ **Article 139** All property and documents found during investigation that **may** be used to prove a criminal suspect's guilt or innocence shall be sealed up or seized. Property and documents irrelevant to the case shall not be sealed up or seized.

    Article 141 If the investigators deem it necessary to seize the mail or telegrams of a criminal suspect, they **may**, upon approval of a public security organ or a people's procuratorate, notify the post and telecommunications offices to check and hand over the relevant mail and telegrams for seizure.

④ **Article 110** ... If the complainant does not agree with the decision, he **may** ask for reconsideration.

中的能愿动词"可"应译为may。

其次，解析句意可知，原文包含两层意思。

第一层意思：对于法院判决不服的，相关权利人有权提起上诉，此处为授权性规定。判决书中使用被动句，强调相应权利，并未指出具体的权利行使人，此处的法律内涵值得挖掘：根据《中华人民共和国刑事诉讼法》（2018）第二百二十七条，在刑事案件中，享有提起上诉权利的不仅限于被告人本人。也许是出于节约文字或是追求意思简练的考虑，例2中两类权利主体都未被提及。若将规定的两类权利主体纳入考虑范畴，例2第1句的译文应使用情态动词shall和may，共同限定have the right to，方能涵盖立法本意。

参考：《中华人民共和国刑事诉讼法》第二百二十七条 ①被告人、自诉人和他们的法定代理人，不服地方各级人民法院第一审的判决、裁定，有权用书状或者口头向上一级人民法院上诉。②被告人的辩护人和近亲属，经被告人同意，可以提出上诉。

这条对应2012年版的第二百一十六条，英文译文如下：

If ① **the defendant**, **private prosecutor or their legal representatives** refuse to accept a judgment or order of first instance made by a local people's court at any level, they **shall have the right to** appeal in writing or orally to the people's court at the next higher level. ② **Defenders or near relatives of the defendant may**, with the consent of the defendant, file appeals. （国务院法制办公室，2015：301）

由第二百二十七条可见，上诉权利行使的主体共有两类（用①②标注），其中①"有权[1]上诉（shall have the right to appeal）"，②则在满足一定条件下"可以提出上诉（may file appeals）"。两者都表示有权行使权利，但在法意上是存在差别的；体现在译文中时，两者使用的情态动词也不一样。法律文本的译者有必要知晓其中的细微差异。

---

[1] 《中华人民共和国刑事诉讼法》（2012）中包含"有权"的条款及其英文翻译详见附件5。"有权"多译成shall have the right to，也有译为shall be entitled to、have the power to、have the authority to 的。

第二百二十七条中对不同主体使用了不同的能愿动词，而例 2 中没出现法律赋权的主体，译文是否还需要同时使用 may 和 shall ？第二百二十七条中第一类权利主体"有权上诉"译为 shall have the right；第二类权利主体是经被告人同意后，"可以提出上诉"，译文使用了 may。may 在法律英语中通常表示法律、法规提出的要求不带有强制性（刘瑜，2013：355）。例 2 中的"可"，本质上是授权性规定，但被法意赋权的两类主体（①被告人、自诉人和他们的法定代理人，②被告人的辩护人和近亲属）提出上述权利的能愿动词却不一致。综合考虑，例 2 中能愿动词"可"应译为 may。这是因为，may 表示被赋予权利，shall 虽然也是，但 shall 所表示的权利，其法律保障更加确定和完善。反之，如果选择 shall，就等同于将第二类主体的上诉权利上升到了第一类的地位。综上，例 2 中的"可"译为 may 更加合适。

第二层意思：一旦提起上诉，需要遵循法律对上诉期限、途径和上诉状文本数量等的明确规定。

参考：《中华人民共和国刑事诉讼法》（2018）第二百三十条 不服判决的上诉和抗诉的期限为十日，不服裁定的上诉和抗诉的期限为五日，从接到判决书、裁定书的第二日起算。

该条对应 2012 年版第二百一十九条，条文中对于日期等的限定均为原则性规定，因此英译文使用了 shall。

英文版: The time limit for filing an appeal or presenting a protest against a judgment **shall** be 10 days and the time limit for filing an appeal or presenting a protest against an order **shall** be five days; the time limit **shall** be counted from the day after the written judgment or order is received.

结合以上分析，相应主体是否提起上诉是法律赋予的权利，该权利的行使与否取决于权利人的主观意愿；如提起上诉则须遵循法律的时效限制、上诉途径以及提交文本数量等规定，翻译时需要使用情态动词 shall。确定了所要使用的情态动词之后，根据句意和法律常识，可将例 2 的翻译分解如下：

① 可以提出上诉: an appeal **may** be lodged;

② 通过本院或者直接向杭州市中级人民法院提出上诉：**the appeal shall** be put through the court or directly to the Intermediate People's Court of Hangzhou;

③ 在接到判决书的第二日起十日内：**the appeal shall** be submitted within 10 days from the second day of receiving the written judgment;

④ 书面上诉的，应交上诉状正本一份，副本二份：one original and two copies of the written appeal letter **shall be** submitted

例 2 中 4 个分句使用的情态动词分别为①may、②③④shall。译文遵循原文逻辑，并将主句译为被动句。这么做有两大好处：免去了提及各类权利主体的麻烦，也省略了不同主体搭配不同情态动词（may / shall）的麻烦；译文在文字简洁、意思完整的同时保证了法律文本的严肃性。此外，还可将②的主语替换为which，指代①中的appeal。由于②与③有着共同主语，故而③中主语也承前省略，最终得出如下译文：

Should any disagreement arise from this judgment, an appeal **may be lodged**, which **shall be put through** the court or directly to the Intermediate People's Court of Hangzhou within 10 days from the second day of receiving the written judgment. In case of a written appeal, one original and two copies of the appeal letter **shall** be submitted.

二、名　词

同一个词在一个文本中可能出现多次。以名词为例，如果一个名词多次出现且距离较近时，后文中往往可以用代词替代；当一个法律文本中多次出现同一个名词时（排除可以用代词替代的可能），译者需要谨慎解读和翻译。同一文本中，通常需要关注同一表述翻译时的一致性；但是由于中文意合的语言特征，一个名词在不同的句子中所指意思不一致的可能依然存在。

（一）"公安"

例 3　2018 年至 2021 年，被告人 A、B 二人各自寻找客户，在明知外籍人员不符合签证办理条件的情况下，提供虚假材料向杭州市**公安局**出入境管理局骗领工作类居留许可并向外籍人员收取费用。

有道译文:From 2018 to 2021, defendants A and B respectively looked for clients and provided false materials to obtain work residence permits from the Exit-Entry Administration Bureau of Hangzhou **Public Security Bureau** and charged foreigners fees for the service while knowing that they did not meet the requirements for visa application.

例4　2021年3月25日，公安机关分别将被告人A、B、C抓获归案，并从三被告人查扣电脑、手机等涉案物品。

有道译文：On March 25, 2021, **the public security organs** arrested defendants A, B and C respectively, and seized computers, mobile phones and other related items from the three defendants.

在《中国日报》网搜索"公安机关"，可以发现其英文译文主要有the police、public security organs等。

例5　电子数据检查笔录、手机电子数据、支付宝数据光盘，证实被告人与办证人员部分转账信息。公安对A、B、C的手机进行数据提取，……

有道译文：Electronic data inspection records, mobile phone electronic data, Alipay data CD, confirm the defendant and the card handling personnel part of the transfer information. **The police** extracted data from the mobile phones of A, B and C ...

例6　搜查笔录、扣押笔录及清单，证实公安对B住所杭州市滨江区仁苑×号楼单元×××室进行搜查，发现黑色ThinkPad笔记本电脑……

有道译文：Search records, seizure records and lists confirm that **the public security** conducted a search of Room ×××, Unit ×, Renyuan Building, Binjiang District, Hangzhou, where B lived, and found a black ThinkPad notebook computer ...

判决书全文多处出现"公安"的概念。例3"杭州市公安局出入境管理局"是专门部门，通过查阅官网和相关资料，可以确定其英文是Exit-Entry Administration Bureau of Hangzhou Public Security Bureau，故有道译文将"公安局"译为Public Security Bureau无误；例4的"公安机关"、例5和例6的"公安"，有道给出的译文分别为：the public security organs、the police和the public security。考虑到文本内用词的一致性，例5和例6的"公安"的翻译至少应做到统一，这两例中的"公安"具体指开展搜查、扣押以及证据处理工作的人员，区别于抽象的"公安"概念。查阅有道词典中the public security的例句，发现有以下几种用法：

1. 单独使用，指公共安全（工作）；

2. 作为修饰成分，用在名词之前，如～bureau / authorities（公共安全局）、～department（保卫部门）、～door（公共防盗门）、～industry（公共安全产业）、～order（治安秩序）、～problem（公共安全问题）、～management punishment decision（治理管理处罚决定）等。

由此可知，有道将例6中"公安"译为the public security错误，因为涉及刑事案件侦查任务的具体执行，势必有具体人员参与。

至于例5中the police的译文似乎涵盖了"公安"和"警察"两个概念。"公安"是指一个部门，级别从上至下依次是公安部（Ministry of Public Security）、公安厅（Public Security Department）、公安局（Public Security Bureau）、公安分局（Public Security Sub-Bureau），本案涉及原杭州市公安局下城区分局、公安派出所（police station）。在《现代汉语词典》中，"警察"是具有武装性质的国家治安行政人员，包括户籍警察、司法警察、交通警察等。《辞海》称"警察"为武装性质的维护社会秩序的国家公职人员。由此可见，"警察"更多地用于指代个人。根据上下文意思，例5和例6中的"公安"应译为the public security police。具体而言，判决书中这两处"公安"是指在调查案件的公安分局工作的刑事犯罪侦查警察（criminal police），可以译为the public security agents / officers。

（二）"事实"

例7　× 2018 年签证事实，经查证人 × 的证言与被告人 A 供述相互印证，共同证实 × 2018 年 9 月左右曾在亚珂公司工作的事实，故该笔事实不宜认定，对被告人辩解予以采纳。

初译: The **fact** of × 's applying visa in 2018 was mutually verified by the testimony of ×, the witness, and defendant A's confession, which jointly confirmed the **fact** that × once worked in Ark company around September 2018. Therefore, this **fact** is not suitable for confirmation, and the defendant's argument is accepted.

一个句中共出现三处"事实"，但并不意味着它们都应译为 fact。事实 1 为"签证的事实"、事实 2 为"工作的事实"、事实 3 为"该笔事实"，虽都是"事实"，前两者有限定词，指示明确，最后一个结合上文可以明确应同事实 1。在此基础上，需要分辨这些"事实"是不是通常意义下的事实，即事件的真实情形。初译将三处"事实"都译为 fact，意思上经不起推敲。事实 2（经由证人 × 的证言和被告人 A 的供述已经得到了相互印证）被法院认定为实际发生的情形，译为 fact 合适。从该句最后部分内容（"该笔事实不宜认定，对被告人辩解予以采纳"）可知：事实 2 已经得到证人证言和被告人供述印证，× 在相应时间的确在被告人 A 担任法定代表人的亚珂公司工作，即证人 ×（也是被告人被指控以在该公司工作的名义为其骗取工作签证的外国人）在这期间取得工作签证的申请理由与事实相符，不存在被告人 A 虚构证人 × 在该公司工作的事实以骗取工作签证的情况，因此对前者的指控不成立。由此得出结论：事实 3 和事实 1 是指被告人被指控的违法行为，该"事实"是检察院认为或主张的"事实"，但经过法院审理，不予认可。因此，该词本质上是"对被告人的指控"，故译为 the allegation of her conduct 合理。最后，本句修改后的译文如下：

On **the allegation of her conduct** in applying for × 's visa in 2018, the **fact** was mutually verified by the testimony of witness × and the confession of A, the defendant, that × did work in Ark company around September 2018, therefore, **this**

allegation is not ascertained, the defendant's argument is accepted.

三、形容词

例 8　被告人 C 明知上述事实，仍为**外籍人员**提供虚拟地址用于注册公司办理签证。

译文：The defendant C, also aware of the above facts, still provided virtual addresses for **(disqualified) foreigners** to register companies and apply for visas.

形容词在法律英文文本中使用的频率极低，因为其对于事物性质的限定和描述仅体现为一种程度，难免带有主观性，且还存在个体理解的差异。如本书第一章所述，法律英文文本中最常用的形容词之一为 reasonable。

中文法律文书（尤其是判决书）中鲜见形容词，但在事实陈述等部分依然存在使用形容词的可能。本案的判决书原文中几乎找不到一个形容词。由于本案中被告人涉嫌犯有出售出入境证件罪，其提供证件的对象是按照我国法律不具备获得相应证件资格的外籍人员，因此例 8 中出现"为外籍人员提供虚假地址"的逻辑似乎合理；但笔者建议在译文中添加"disqualified"一词限定"外籍人员"，以体现译文逻辑的严谨性。

四、副　词

例 9　通过虚假的申请材料，这对夫妇单独获得了工作许可证，并被收取了约 2.5 万元人民币的费用。

例 9 看似简单，但其中副词"单独"的翻译却颇费思量。原文中使用"单独"所指明确，即指被告人为这对夫妇"各自"办理了工作许可证。显然，本案中被告人是同时为这对夫妇办理相应证件的，强调被告人向不同的人提供服务，突出受众的差异性。照这个思路，笔者考虑将"单独"译为 individually（个别地、单独地）。另外，考虑到中华人民共和国外国人工作许可证有一定的有效签发期，并非永久有效，在翻译副词"单独"时译者可以结合这一情况，在译文中体现时效性因素。综合考虑各因素，笔者最终的译文如下：

The defendant defrauded work residence permits for the couple **one time each
individually** through providing false application materials and charged them about
25,000 RMB yuan.

五、助　词

助词在各类法律文本中不像实词那样具有重要意义，但也是文本的一部
分，同样值得关注。其中最有代表性的助词是"等"，一般情况下可以译为
英文etc.，表示列举尚未完全，以下省略。实际上，还存在另一种可能，即
"等"字仅是中文表述的习惯，并非表示省略，译者需要结合语义和上下文谨
慎翻译。

（一）中文习惯，表列举后煞尾

例16　税务局调取的A、B、C、D、E、F、G、H等公司的税务信息，
证实B的计税依据27万余元，D的计税依据27万余元。E、C无入库申报记
录，A 2020年应税收入为876.44元，F2019年至2021年实际缴税为3956.02元，
G无入库申报记录，H无任何申报记录。

例17　证人LY证言、聊天记录，证实其为BJ财务公司工作人员，公司
曾帮助A（主犯）注册a、b、c、d、e等5家公司。

在判决书的事实部分，例16和例17中均出现了多家公司的名称，前后
比对之后，发现两例中的"等"均表列举后煞尾，不表省略之意。作为一名
负责的译员，应该核对原文涉及的事物数量，确认原文中的"等"字有无省
略的意思，这样便不会发生原文和译文所指事物数量不一致的尴尬情况。

（二）表示省略

例18　2018年5月，被告人A、B、C经商议后，成立杭州××商务服
务有限公司，主要从事为外籍人员提供有偿签证等业务，并聘用C等人协助

办理签证等事项。

例 19　2021 年 3 月 25 日，公安机关分别将被告人 A、B、C 抓获归案，并从三被告人查扣电脑、手机等涉案物品。

例 20　××公司给外国人申领工作签证需要骗领公司执照、伪造印章、编制虚假财务账目等。

例 21　外籍人士 YY 在该机构兼职做外教，没有提出办理工作签证、工作许可和工作类居留许可等材料。

上述 4 例中也都出现了"等"字，结合上下文中出现和提及的物品、扣押材料等可知该词均表达罗列未尽，表省略之意，译为 etc. 即可。

（三）结合上下文

例 22　……聊天记录显示警察确认住址要仿造签名，应对检查等。

初译：... Chat logs showed that the police checked addresses of the companies, requested the forging signatures, and she responded to the inspection, **etc.**

改译：... Chat logs **mainly** recorded the discussion that forged signatures were needed in response to the police's inspection of the addresses of those aforesaid companies.

翻译例 22 时，笔者曾尝试将原文中"（聊天记录显示的）一些事实"译为"proceedings such as ..."。这样处理，既可引出两个具体事项，即警察确认住址和（违法者）提供仿造签名应对检查，也保留了原文中"等"的语义：不限于文中所指的几项事实。如此，似乎比初译中完全按照原文平铺直叙的翻译更具逻辑性。原文中的"等"字或许是省略了其他事项，因为其他事项在重要性上无法和前面所述违法者的行为相比。

但是，笔者再次思考助词"等"的用法：其既可以表示"列举未尽"，也可以表示"列举后煞尾"。此处的"等"字也不能排除列举后煞尾的可能。在突破了"等"字仅表示"列举未尽"或"列举后煞尾"二者之一的思路限制之后，笔者对本句的逻辑进行了再梳理，重新调整了译文结构，将"警察确认住址"和"（违法者）提供仿造签名"之间的内在联系显示出来。最终，中文字面上两者之间的并列关系，在译文中呈现为因果关系；笔者将"（犯罪分子）提供仿造签名"的结果作为句子的核心，使用被动语态，而将其原因（应对警察检查）作为句子的状语（in response to the police's inspection ...）。与此同时，句子中还添加了副词mainly，表示"提供仿造签名"系相关聊天记录的核心内容，但不排斥其他内容存在的可能。

六、结　语

　　本章通过列举和分析多种词性的翻译实例，指出了译者在刑事法律文本翻译时需要准确把握词性。为了句子的整体效果，转变词性是常用的翻译技巧。这对译者提出了较高的要求。以汉译英为例，首先，译者需要正确解读中文原文。其次，译者要有较深厚的英文功底，尤其是了解同一个词在不同句子中的具体指涉或近义词之间的细微差别。再次，译者还需要积累和更新法律知识。如果说翻译是戴着镣铐跳舞，那么法律翻译就是在法律的框架里戴着镣铐跳舞，它需要遵循一系列严苛的规范，不需要也不允许任何个人创作的存在。

第十二章

法院文书翻译案例分析：白皮书

白皮书指政府、机构等正式发表的以白色封面装帧的重要文件或报告书。作为一种官方文件，白皮书代表政府立场，讲究事实清楚、立场明确、行文规范、文字简练，没有文学色彩（徐平，2019）。现在一些具有官方性质的企业年度报告、商业资料、情况汇总等文本，因具有一定权威性和影响力，被称为"产品白皮书"。可见，白皮书的概念已经由政治领域延伸到了经济领域。

笔者在2022年4月接受了杭州市中级人民法院委托的《杭州法院涉外民商事审判工作白皮书》（以下简称《白皮书》）汉译英翻译任务。笔者有感于白皮书文本的语言特色和翻译过程中的心得，将此次翻译实践中运用的翻译策略做了整理。

一、加　词

翻译中加词，是指译文在原文字面意义基础上添加必要内容。此举兼顾中英两种语言的差异和文化差异，力图实现译文表述合理且准确。本次翻译中，笔者添加的词以抽象名词、形容词为主。具体如下。

例1　杭州法院①以习近平法治思想为指引，①坚持统筹推进国内法治和涉外法治，②主动融入对外开放中心工作，③充分发挥审判职能，稳中求进、守正创新，④妥善处理各类涉外民商事纠纷，⑤平等保护中外当事人合法权益，

---

① 《白皮书》的前言部分有如下表述："2011年9月，杭州中院民四庭正式成立，十年间逐步形成以杭州中院为中心向基层法院辐射并兼顾经济发展差异的涉外民商事审判工作格局。"结合标题中的"杭州法院"考虑，笔者认为白皮书中所称的"法院"大多指杭州中院和辖区基层法院这两级人民法院，故在译文中多将其处理为 the courts。

⑥引导和规范市场行为，⑦推动我市营造国际化、法治化、便利化的一流营商环境，⑧法治保障高质量发展建设共同富裕示范区精准有力。

　　译文：Guided by Xi Jinping's Thought on the rule of law, Hangzhou courts ① coordinate efforts to advance the rule of law both domestically and externally, ② actively participate in the work of the Opening-up Center, ③ give full play to the trial function, seeking improvement in stability and keeping positive innovation, and ④ properly handle a variety of foreign-related civil and commercial disputes, ⑤ in order to equally protect the legal rights and interests of both Chinese and foreign parties, ⑥ **guide and standardize healthy market behaviors**, ⑦ speed up the fostering of an international, law-based, and convenient business environment in the city, and ⑧ ensure a high-quality development and construction of a demonstration zone for common prosperity precisely and soundly with the protection of the law.

　　例1原文属于中文白皮书中常见的多个动宾结构（①—⑧）并列的情况。在将"以习近平法治思想为指引"译为方式状语之后，笔者对其余部分进行了如下划分：将①—④作为该长句的核心动宾结构，将⑤—⑧译为后置目的状语。这样可以减少英语译文中过多的动宾结构叠加可能引起的读者的阅读疲劳，还可以使句子更具有层次，胜过单一层次的平铺直叙。

　　需要重点探究的是在后置状语中⑥"引导和规范市场行为"部分的翻译。在中文语言环境中，类似表述较为常见且使用频率较高，但是中译英时则需要结合国际形势仔细斟酌。在20世纪，尤其是中国申请加入世界贸易组织期间，国外对于中国是否具备市场经济地位一直持否定的态度。实际上，不承认中国的市场经济地位主要是美国和欧盟打压中国的借口，它们可以选择一个国家作为替代国，并以替代国同类产品的成本作为标准成本来评估中国反倾销的幅度，据此加强对中国企业、中国商品的打压。显然，原文中⑥的原意是想表达以法院为代表的司法主体对于市场主体起到引导和示范作用，在我国，它是对于市场行为的一种有益的助力。但若单纯译为guide and standardize，尤其是standardize一词，会引起不必要的误读，甚至可能传达出诸如"中国法院意图充当市场秩序和规则的制定者"等错误信号，无疑会加深国际社会对于我国司法制度和体系的误解，起到反面作用。如果找不到更恰当的动词代替standardize，可以考虑给动词standardize加上必要的形容词，以避免这一问题。因此，笔者在保留原文动词"引导和规范"的基础上，在宾语"市场行为"之前加了healthy，传达法院能够引导和规范健康、合法有序的市场行为的意思，增加译文的准确性和合理性，并在一定程度上有利于对外宣传。

例2 努力担当好涉亚运涉外民商事纠纷的裁判者；加强涉亚运的涉外仲裁法律问题研究，**敏锐预判法律风险**，积极担当好亚运会成功举办的护航者……

译文：The courts also strengthen the research on foreign arbitration and legal issues related to the Asian Games, keenly **estimate possible and potential legal risks**, actively play the escorting role in the successful holding of the Asian Games ...

例2选自《白皮书》第二部分（"杭州法院涉外民商事审判工作亮点举措"）第五项举措（"服务大局，切实保障世界一流的现代化国际大都市建设"）中第2小点（"提升服务保障亚运的涉外工作水平"）。通过细读可以发现，"预判法律风险"的表述存在亚运会事务含有法律风险的语义预设。实际上，亚运会涉及事务多、周期长、覆盖广，在筹备、组织、举办过程中存在各种可能，处理不当难免存在法律风险。所以，所涉"法律风险"实际包含有风险的可能和没有风险的可能。因此，在英文译文中应尽可能体现这层意思，添加限定词"possible and potential"，能够体现原文"预判（可能存在的）法律风险"的深层含义，以体现涉外白皮书的逻辑严谨，并且形成的形容词并列结构还能实现词的押韵和意思上的强调。

例3 涉外案件程序相对复杂，审理周期长。为落实精品战略，杭州法院优化各项涉外民商事审判程序保障机制，着眼提升审判质效。一是准确识别涉外案件，依法正确行使司法管辖权。

译文：The procedure of foreign-related cases is relatively complicated and the trial period is comparatively long. In order to implement the high-quality strategy,

Hangzhou courts are optimizing the procedural guarantee mechanism for foreign-related civil and commercial trials, aiming at improving the quality and efficiency of trials. First, **accurately identify the nature** of foreign-related cases and correctly exercise jurisdiction in accordance with the law.

"准确识别涉外案件"作为优化涉外民商事审判程序保障机制的第一项措施，在该部分中被首先提及，重要性可见一斑。其初译文 accurately identify foreign-related cases 虽极大地遵循了原文逻辑，但似乎在语言表现力上稍有欠缺。抽象名词在英语中的使用频率较高，在英文译文中恰到好处地使用抽象名词能够起到增色作用。因此，译者在主要结构 identify... cases 中插入抽象名词 the nature of，将"识别涉外案件"处理为"识别涉外案件（的本质）"，理由是 identify... cases 多指对案件的一次性判断，而 identify the nature of cases 则表示对该类案件做出原则性判断。此处增译对该动宾结构的语义做了深度的挖掘，更加符合英文中较多使用抽象名词的行文习惯，在汉译英的实践中值得尝试。

例 4　探索诉讼参与人远程出庭。诉讼参与人远程出庭的主要做法是指当事人申请出庭的证人、鉴定人、专家辅助人或翻译人员等诉讼参与人，无须到庭审现场，而是通过双向视听技术同步参加庭审。

译文：**Explore the feasibility of remote court appearance of participants in litigation**. The main method of remote court appearance of litigant participants is that the litigant participants, such as witnesses, expert appraisers, expert assistants or translators, who are applied for court appearance, do not need to go to the scene of the trial, but attend the trial synchronously through two-way audio-visual technology.

例 4 是《白皮书》正文第二点（"杭州法院涉外民商事审判工作亮点举措"）第三项举措（"数字赋能，探索跨境远程电子诉讼新规则"）中的第 2 小点。"探索诉讼参与人远程出庭"是该部分的小标题，也是核心内容。

中文的表达较英文而言更加灵活，且讲求意会。此处"探索诉讼参与人远程出庭"严格意义上省略了一个核心名词。"诉讼参与人远程出庭"是一个主谓结构，不能够直接出现在动词"探索"后面。如果在其后添加一个名词（往往是抽象名词），"诉讼参与人远程出庭"则由主谓结构转为定语，来限制和修饰后面添加的抽象名词，而"探索"与这个被修饰的名词组成一个动宾结构，充当文本中的小标题，那样既符合行文逻辑，也更容易理解。这点从后文"诉讼参与人远程出庭的主要做法"的表述中也可得到验证。

原文实际上包含了"可行性"的意思，即"探索……的可行性"。通常情况下，诉讼参与人需要亲自到庭，参与诉讼。在涉外案件的裁决中，必要的诉讼参与人未到庭导致相关方败诉的真实案例也屡见不鲜。但是，随着近年法庭对网络远程技术的深入应用，法院探索诉讼参与人远程出庭的可能性被提上了日程，并且下文显示，该种尝试已经得到了成功实践。基于以上法院实践的背景信息，结合对语句的理解，译者增译了"the feasibility of"，可以令译文更清晰、符合逻辑。

二、换　词

换词的策略在翻译实践中可以包含多种形式，诸如转换词性、替换为适合不同语境或不同文体的词等。比起对句子结构、词汇、逻辑的考虑，例 5 中的换词更多地体现出对句中法律意义的考量。

例 5　规范域外法查明制度。制定《关于域外法查明费用确定和支付的相关规定》，规范案件审理中当事人申请查明和法院依职权查明不同情形下查明费用的负担主体。

译文: Standardize the system for identifying foreign laws. The Relevant Provisions on the Determination and Payment of Ascertaining Expenses in Extraterritorial Law has been formulated to regulate the subjects of burden for ascertaining expenses under different circumstances in case trials when it is launched by the parties **or** the courts in accordance with its authority.

根据《中华人民共和国涉外民事关系法律适用法》（以下简称《法律适用法》）第十条第一款规定：涉外民事关系适用的外国法律，由人民法院、仲裁机构或者行政机关查明。当事人选择适用外国法律的，应当提供该国法律。①
在涉外法律实操中，法院判案可能适用国外法律，需要查明相关法律，而这
个查明的行为可以通过两种途径实现：当事人查明；法院依职权查明。在涉外
民事关系法律适用层面，对外国法查明制度的讨论也是法律人士关注的一个
议题，实务多参照三种法律和司法解释：《法律适用法》《最高人民法院关于
审理涉外民事或商事合同纠纷案件法律适用若干问题的规定》以及《最高人
民法院关于贯彻执行〈中华人民共和国民法通则〉若干问题的意见（试行）》。
从查明方式来看，《法律适用法》第十条借鉴了上述两个司法解释的规定，采
用法院查明与当事人查明相结合的方式；在当事人选择适用外国法律的情况
下，由当事人来提供该国的法律。《法律适用法》还设计了最后的法律适用原
则，其第十条第二款规定：不能查明外国法律或者该国法律没有规定的，适用
中华人民共和国法律。②这样的法律条款设计被法律界人士解读为我国越来越
重视当事人意思自治，实现了意思自治原则在民事关系各领域的扩展，体现
了现代国际私法实践中对当事人自愿协商适用法律的尊重。

通过梳理我国法律条款中对民商事案件中具有涉外因素时外国法律查明
义务的设计原理，笔者明确了法院依职权和依当事人选择查明涉外法律是现
行司法实践中的两种途径，当事人选择适用外国法律的，应该提供该国法律。
根据 2005 年 12 月 26 日最高人民法院发布的《第二次全国涉外商事海事审判
工作会议纪要》第 51 条③，例 5 中所指的"当事人申请查明"应是在当事人选
择了适用的外国法律之后，无法获得相关法律文献，申请通过法院或第三方
机构或组织代为查明。结合相应的法律和司法解释，存在法院和当事人这两
种不同的查明主体，而这两种主体在司法诉讼中的法律地位截然不同，其查
明行为不可能在同时做出。据此，相关法律需要明确查明费用的负担主体。

---

① 详见：中华人民共和国中央人民政府 . 中华人民共和国涉外民事关系法律适用法 [EB/
OL]. (2010-10-28)[2024-07-01]. https://www.gov.cn/flfg/2010/10-28/content_1732970.htm.
② 详见：中华人民共和国中央人民政府 . 中华人民共和国涉外民事关系法律适用法 [EB/
OL]. (2010-10-28)[2024-07-01]. https://www.gov.cn/flfg/2010/10-28/content_1732970.htm.
③ 第 51 条 涉外商事纠纷案件应当适用的法律为外国法律时，由当事人提供或者证明
该外国法律的相关内容。当事人可以通过法律专家、法律服务机构、行业自律性组织、国
际组织、互联网等途径提供相关外国法律的成文法或者判例，亦可同时提供相关的法律著
述、法律介绍资料、专家意见书等。

例 5 原文在连接查明法律的两个主体之间使用了连词"和"，其通常情况下可表示并列关系，翻译为 and 即可。但是，"和"作连词时还能表示选择，相当于"或"，例如："他去和不去，都不会对我们的决定有什么影响"这句中的"和"等同于"或"，表示选择。英语极其注重行文的逻辑性，如果此处将连词"和"译为 and，会被解读为在一案中同时使用这两种不同的法律查明途径。在英语中基本不存在 and 等同于 or 的可能，因此，译者应将本句中连词"和"译为 or。

三、形象表达

例 6 涉外民商事案件和归口审理案件的类型日益增多，与国内政策和国际形势变化密切相关，借款（含担保、追偿）类纠纷、买卖合同（含国际货物买卖、跨境电商）类纠纷、融资租赁合同纠纷三类案件数量稳居前三，占总案件数量的 80.39%；还有与公司有关的纠纷、信用证/独立保函欺诈、应收账款质押、国际服务合同补偿贸易等类型的案件。

译文：Meanwhile, types of foreign-related civil and commercial cases and classified cases increased, which was closely related to domestic policies and international situation changes. Disputes concerned with borrowing (including guarantee and recovery), sales contracts (including the international sale of goods and cross-border e-commerce), and contracts for financial lease ranked top three, accounting for 80.39% of the total number of cases; **there are also disputes** related to the company, fraud of letter of credit / independent guarantee, pledge of accounts receivable, compensation trade of international service contract, etc.

原文"还有……等类型的案件"一句中具体列举了四种类型（纠纷），承接上文所述的三种高发的案件（纠纷），在语义上与上文联系紧密，因此前后统一都译为 disputes，具体的类型分别由结构 concerned with 和 related to 衔接。鉴于前面对于纠纷种类的罗列较多、文字较长，笔者将后面四种类型的案件（纠纷）都归至 disputes 下面，使用 there be 句型译为一个独立句子。

四、特殊的中国法律词汇

本章所称特殊的中国法律词汇是指在白皮书中提到的一些概念（如"归口管理""引调""条线"等），其在中文法律语境中使用频率较高，但在英文法律中没有对应表达，需要译者正确理解其真实含义并准确翻译。此类翻译比常规翻译更多了一层宣介意义。

例 7　2012—2021 年，杭州法院涉外民商事审判部门年均受理涉外民商事案件 182 件，年均结案 178 件。十年间，涉外民商事案件**收结案**数量持续升高，2020—2021 年的合计收案数量较 2012—2013 年增长幅度超过 150%。

译文：From 2012 to 2021, the foreign-related civil and commercial adjudication departments of Hangzhou courts accepted and heard 182 foreign-related civil and commercial cases annually, and 178 cases were concluded. During the decade, the number of foreign-related civil and commercial **cases accepted and closed** continued to increase, and the total number of cases accepted in 2020—2021 increased by more than 150% compared with that in 2012—2013.

"收结案"本是法院语境中出现频率较高的词，是法院各类统计报告中必然涉及的概念；从字面分析，"收结案"包括了"收案"和"结案"两部分，其翻译理应是简单的，即 cases received 和 cases closed。但是，有法律常识的译者此时应该展现出职业的敏感性："收案"的译文 cases received 是否符合法理？首先，在英语中，表示"接受"意思的词主要是 receive 和 accept，前者多为被动，后者多体现主动。在法院的收案程序中，也应该考虑法院对提起诉讼的案件应采用主动抑或被动态度。如果选择 receive，其意思便是法院对于任何原告发起（initiate）的法律诉讼或指控，只要是提交（file）诉讼材料的案件均须受理；而使用 accept，则表示法院在案件的受理过程中须遵循一定的原则；诚然，社会主义国家的人民法院理应承担定分止争的角色，受理人民群众或检察院提起的诉讼案件，但是在实际操作中，有些案件可能会因为诸如不符合起诉条件、没有明确的被告、非适格的原告等法律规定的各种情形而不予受理。"收案"译为 cases accepted 契合了上述法理。对于"收案"中

"收"的翻译，《中国日报》等国内主流英文媒体中虽然偶尔使用receive一词，但更多地使用了accept。其次，例7第1句先提到了涉外民商事案件"年均受理件数"和"年均结案件数"这组概念，随后，第2句中再提及"涉外民商事案件收结案数量持续升高"的事实。由此，第2句中的"收结案"可以理解为"受理案件"和"结案"，即"收案"更接近"案件的受理（accept）"，指法院接受并正式开始处理该案件，这更加排除了译文cases received的可能性。

例8　除法律规定由中院**集中管辖**的案件以外，杭州地区两级法院就涉外民商事案件、**归口审理案件**以标的额区分级别管辖。

译文：In addition to the cases under the **centralized jurisdiction** of the intermediate people's court as stipulated by law, the courts at the two levels in Hangzhou distinguish their jurisdiction over foreign-related civil and commercial cases and **classified cases** according to the amount of the subject matter.

笔者在翻译时暂时找不到"归口审理"对应的英文表述，故参照了"归口管理"的表述。笔者查阅网络资料得知，"归口管理"是一种管理方式，一般是按照行业、系统分工管理，防止重复管理、多头管理。归口管理实际上就是指按国家赋予的权利和承担的责任、各司其职，按规定的管理渠道实施管理。"归口管理"在常用翻译软件中多译为central / centralized management、administrative management，或total management。如有道词典例句中"归口审理案件"的翻译为centralized cases。如此翻译容易产生疑问：前面"集中管辖的案件"译为cases under the centralized jurisdiction，此处"归口审理（的）案件"也译为centralized cases，恐有混淆之嫌。翻译的关键是厘清概念。李玮（2021）较为详细地分析了"归口审理"的概念，以及此概念从管理学领域拓展到法律领域的应用路径：归口审理并非法律中固有的专业术语，实际上我国归口模式最初应用于管理学，也即归口管理……将归口管理应用到审理模式中，即赋予法院一定的权力，使其按特定的审理方式对特定的案件类型进行审理。实际上就是将案件按照不同的性质进行划分，根据案件所涉性质的不同确定专门的审理机制（李玮，2021：7）。集中审理仅仅是案件审理中的一种程序性规则，而归口审理是一种审理模式，它所涵盖的内容远远多于集中审理，不仅包含审判程序，还包括管辖、受案范围等各个方面。其初衷是解决案件管辖、案件专业性强等审理难的现实问题（李玮，2021：8）。

结合该词在法律领域的应用和发展可知，该词的最早出现是基于我国在法律领域对于环境资源案件的积极探索。最高人民法院发布的《中国环境资源审判（2019）（白皮书）》中明确要求各地法院根据本地实际，积极探索实行环境资源民事、行政、刑事案件统一归口审理，统筹适用刑事、民事、行政三种责任方式。近几年，归口审理的使用范围已经突破了环境资源案件的范畴。无论归口审理的概念应用于哪种类型的案件，其本质都是指专门的案件由专门单位（部门）专管。当然，现在的法律实务中也存在"多合一"的趋势，组成一个合议庭成为一种新的司法实践探索途径。

据此，"归口审理案件"的意思已明确，为了和前面的"集中管辖（centralized jurisdiction）"相区别，"归口审理案件"译为classified cases或categorized cases，用以指分类（审理）的案件。如若译者认为此译法显得简单，也可以对该词做注解，进一步释义，但需保持原句意义的完整。

例 9　二是细化涉外民商事纠纷诉前评估和**引调机制**，提升诉前评估和**引调**的科学性和精准度……

译文：Second, to refine the mechanism of pre-litigation assessment and **mediation guidance** for foreign-related civil and commercial disputes, improve the scientificity and accuracy of pre-litigation assessment and **mediation guidance** ...

例 9 中的"引调"意指引导当事人诉前调解。调解员可以采用其认为有利于当事人达成和解的方式对争议进行调解，这是法院采用的一种有效的矛盾解决机制，具有法律效力，可以译为mediation guidance。从文本中可以看出"引调"发生在诉前；但是否可以参照劳动争议"仲裁前置"等一些法律术语，将其理解成"调解前置"再翻译，则需要依据法律法规。

例 10　一是加强业务培训和学习，通过涉外民商事审判条线培训、高校等机构组织的专项培训、法院内部组织的专题学习等多种形式及时更新业务知识。

译文：First, to schedule professional training and learning, for instance, **vertical training** of civil and commercial trial relating to foreign matters, special training organized by universities and other institutions, project learning organized by the courts, etc. to ensure the updating of professional knowledge in multiple forms.

例 10 中"条线"是垂直的意思，条线单位是指垂直管理的单位，如税务局、质监局、公路局、工商局等不归地方管理，而是通过上级条线来管理的单位。与其相对的是"块块"，即地方政府各组成部门等地方行政机关。条线培训是指一个系统自上而下进行的培训，条线培训（条线会议）等系列概念多用于公司管理领域。因此，"条线培训"可以考虑译为 vertical training，能够表达该词的意思，也可以区别于"高校等机构组织的专项培训（special training）、法院内部组织的专题学习（project learning）"等概念。

在此类别中，例 7 的"收案"涉及了法理中的立案标准、例 8—例 10 的"归口审理、引调、条线培训"等词均是现阶段我国法院系统的常用词，有着鲜明的中国法律特色。译者需要具备对法律敏锐的感知力，特别关注文本中出现的有中国法律特色的词，参照法理，突破对其字面意思的浅表解读，了解其真实含义并进行翻译。

五、中国化表达的变通

例 11　杭州法院在涉外民商事审判中坚持"涉外无小事"理念，强化精品意识，注重审判质效，力求"少而精、精而准、准而稳"。

译文：In foreign-related civil and commercial trials, adhering to the concept of "no trivial matters concerning foreign affairs", Hangzhou courts strengthen the awareness of fine works, pay attention to the quality and efficiency of trials, and pursue the goals of "**few in quantity**, **but preciseness**, **accuracy and steadiness in quality**".

例 11 中"少而精、精而准、准而稳"的表述极具中国特色，讲究语言的节奏韵律和逻辑层次。三个短语不仅采用顶真手法，节奏朗朗上口，还包含多个层次的意思。首先，"少而精"一词本身存在对比的意思；其次，"精而准"和"准而稳"各自都包含递进的意味，并且三个短语也构成递进关系。中文用词对译文提出了很高要求。笔者尝试着打破原文"A而B，B而C，C而D"的顶真结构，分析句中的深层逻辑，重新布局，将其中的四个形容词先抽取出来——少（few）、精（precise）、准（accurate）、稳（steady），再按照原文的逻辑将这些词根据语法需要转换成名词，结合上下文意思衔接，最终得出如上译文。

例 12　**培育典型精品案例**。杭州法院多年来坚持规范审判程序，准确适用法律，平等保护中外当事人合法权益，审结了……等一批在全国、全省具有重大影响力的新类型、疑难复杂案件，并提炼出精准优质的裁判规则。

译文：**Set exemplary cases**. Over the years, adhering to standardizing trial procedures, accurately applying laws, and protecting the legitimate rights and interests of both Chinese and foreign parties on an equal footing, Hangzhou courts concluded a number of cases of new types and difficult and complicated ones with great influence in the whole country and province ...

例 12 是白皮书正文第二部分（"杭州法院涉外民商事审判工作亮点举措"）中"稳抓质效，打造涉外民商事审判精品工程"项下第 2 小点的内容，讨论的核心内容是"培育典型精品案例"。"培育典型精品案例"的翻译涉及中英文两种语言和文化的差异，译为 cultivate typical fine cases，字面上与原文一一对应，但这种简单的表述容易令译文读者产生中国法院操纵判决、虚假诉讼的解读，认为法院发布的典型精品案例是法院人为"培育、设计出来的"。意识到存在这种可能性，笔者认为此处实际是指法院通过高效、公正地审理一些有代表性的新型涉外案件，对今后的涉外案件审理起到示范性作用，绝非"（人为）创设一些精品案例"。译者务必避免使用 cultivate 这类主观意图强烈的动词，以免引起误读。

六、一词多译

中文和英文中都常见一词多义的情况。因此，在汉译英时，需要斟酌词的准确含义，尤其是该词在一个文本中出现多次的时候。

例 13 为奋力打造涉外民商事审判"重要窗口"，充分发挥人民法院的审判职能作用，杭州涉外民商事审判工作围绕中心大局，突出重点、多方发力，提升服务保障水平，为杭州加快建设世界一流的现代化国际大都市新战略保驾护航。

译文：In order to build an "important window" for foreign-related civil and commercial trials and give full play to the judicial function of the people's court, Hangzhou foreign-related civil and commercial trial work **focuses on** the overall situation of the center, highlights the key points, makes efforts in various ways to improve the level of service and guarantee and escort Hangzhou to accelerate the new strategy of building a world-class modern international metropolis.

例 14 围绕服务保障浙江自贸试验区杭州片区建设，杭州中院出台《关于为中国（浙江）自由贸易试验区杭州片区建设提供司法服务和保障的意见》……

译文：**For the purpose of** serving and guaranteeing the construction of Hangzhou area of the China (Zhejiang) pilot Free Trade Zone, Hangzhou Intermediate People's Court then issued Opinions on Providing Judicial Services and Guarantee for the Construction of Hangzhou Area of China (Zhejiang) Pilot Free Trade Zone ...

例 15 ①围绕杭州建设"世界一流的社会主义现代化国际大都市"的新定位，杭州法院坚持服务发展大局，②围绕浙江自贸试验区杭州片区建设、2022 年亚运会的举办、营商环境创新试点等大局工作，进一步提升司法保障能力。

初译：① **Focusing on** Hangzhou's new positioning of building a "world-class modern socialist international metropolis", Hangzhou courts adhere to the overall situation of service development and further enhances its judicial guarantee capacity

② by **focusing on** the overall work of Hangzhou area construction of Zhejiang Pilot Free Trade Zone, hosting of the 2022 Asian Games and pilot innovation of business environment.

改译： ① **Anchored in** the city's new positioning of building a "world-class modern socialist international metropolis" ... ② by **focusing on** ...

《白皮书》正文中"围绕"一词出现多处，尤其在例 15 中出现两处，切不能清一色地译为 focus on。例 13 的动宾结构"围绕中心大局"充当句子的主干；例 14 的动宾结构"围绕……建设"作状语，表示目的；例 15 的动宾结构"围绕……的新定位"和"围绕……等大局工作"分别充当句子的状语 1 和状语 2。根据该词在句中充当的不同语法成分，笔者将四处"围绕"分别译为：focus on、for the purpose of、anchored in 和 focusing on。尤其是例 15 两处的"围绕"，建议不要像初译那般，应尽量区分动词的意义所指，避免出现用词的雷同。前者的宾语是"新定位"，由此笔者想到了"锚（anchor）"一词。"锚"的中英文兼有名词和动词词性，并且"围绕……的定位"意指以某事为主，深耕苦干，此意和"锚"意思契合，译为 anchored in 能够避免与后面的 focusing on 重复，也可实现词汇的多样性和生动性。

七、结 语

本章的讨论涉及《白皮书》文本翻译的几个方面，本章内容可以作为白皮书等政府文本汉英翻译的参考，译者应从细节着手，准确理解、领悟原文意思，通过巧用、活用动词，适当添加抽象名词等方法提高英文译文质量，力求译文表述到位，并且能够正确传递国家态度。

参考文献

BAKER M, 2006. Translation and conflict: A narrative account[M]. New York: Routledge.

BELINGHERI P, LEONE M I, 2017. Walking into the room with IP: Exploring start-ups' IP licensing strategy[J]. Management Decision, 55(6): 1-18.

CURRIE G, 2010. Narratives and narrators: A philosophy of stories[M]. Oxford: Oxford University Press.

FLEMING I, 1953. Casino royale[Z]. New York: The New American Library.

HAYLES N K, 1995. Narratives of evolution and the evolution of narrative[M]//CASTI J L, KARLQVIST A. Cooperation and conflict in general evolutionary processes. New York: John Wiley & Sons, Inc.: 113-132.

HOAD T F, 1996. The concise oxford dictionary of English etymology[Z]. Oxford: Oxford University Press.

HYLAND K, TSE P, 2004. Metadiscourse in academic writing: A reappraisal[J]. Applied Linguistics, 25(2): 156-177.

JOOS M, 1962. The five clocks: A linguistic excursion into the five styles of English language[M]. New York: Harcourt Brace.

KETTE G, 1990. Determinants of juror decision making: An example for using time series analysis in legal psychology[J]. Archiv fur Psychologie, 142(1): 59-80.

LANSFORD J E, CAPPA C, PUTNICK D L, et al. 2017. Change over time in parents' beliefs about and reported use of corporal punishment in eight countries with and without legal bans[J]. Child Abuse & Neglect, 71: 44-55.

MARTIN J R, ROSE D, 2003/2007. Working with discourse: Meaning beyond the clause[M]. London: Continuum.

NEWMAN J, 2018. Kaizo Mario Maker: ROM hacking, abusive game design and Nintendo's Super Mario Maker[J]. Convergence: The International Journal of Research into New Media Technologies, 24(4): 1-18.

O'SHEA E, 2015. Ambulance response time in Ireland: the legal implications[J]. Journal of Paramedic Practice, 7(10): 500-504.

PREECE C, KERRIGAN F D, O'REILLY D, et al. 2019. License to assemble: Theorizing brand longevity[J]. Journal of Consumer Research, 46(2)：330-350.

QUIRK R, GREENBAUM S, LEECH G, et al. 1985. A comprehensive grammar of the English language[M]. New York: Longman.

RIESSMAN C K, 1993. Narrative analysis[M]. London: Sage Publications.

ROBERTS O, MURPHY W. "Korematsu v. US": Court case, December 18, 1944[EB/OL]. (1944-12-18)[2024-07-01]. https://teachingamericanhistory.org/document/korematsu-v-us/.

SARCEVIC S, 1997. New approach to legal translation[M]. The Hague: Kluwer Law International.

U.S. Supreme Court. U.S. Supreme Court: Heart of Atlanta Motel, Inc. v. United States, 379 U.S. 241 (1964)[EB/OL]. (1964-12-14)[2024-06-28]. https://www.ulapland.fi/loader.aspx?id=8f05289f-dd56-476c-9447-d7550b191bc9.

VILA L, YOSHINO H, 2005. Time in automated legal reasoning[J]. Foundations of Artificial Intelligence, (1): 537-557.

暴梦川. IP成为未来发展关键[EB/OL]. (2020-12-29)[2022-08-04]. https://www.sohu.com/na/441233513_118081?qq-pf-to=pcqq.c2c.

北京仲裁委员会. 北京仲裁委员会仲裁规则[EB/OL]. (2008-07-26)[2024-06-28]. http://www.bjac.org.cn/page/data_dl/%E9%99%84%E4%BB%B61.pdf.

曹贵乾，蔡东春，1994. 述评时间的法律意义[J]. 江苏公安专科学校学报，(4)：31-35.

陈宁，2011. 企业对外商务英语翻译的适应性问题探析[J]. 中国商贸，(34)：229-230.

陈秋劲，2013. 实用法律翻译教程[M]. 武汉：武汉大学出版社.

陈小全，2016. 论法律翻译的归化与异化策略[J]. 中国翻译，(5)：116-119.

陈妍茹，2015. 生与死的距离——论死刑立即执行判决交付执行时间的法律缺陷与改革[J]. 法治研究，(2)：82-88.

程亚鹏，2010. 浅析意大利矫饰主义风格[J]. 美术向导，(2)：74-77.

楚向群，刘采敏，盛国文，2015. 刑事法律文本的语体特征与翻译策略选择[J]. 河北工业大学学报（社会科学版），(2)：86-92.

翟石磊，2017. 话语认同与话语协调：论政治话语翻译中的国家意识[J]. 学术探索，(5)：28-34.

丁相顺. "人民陪审员制"如何正确翻译[EB/OL]. (2012-05-09)[2024-05-12]. https://news.sina.com.cn/o/2012-05-09/074224388772.shtml.

东南网，2017. "泛娱乐"战略报告：聚焦中国特色文化发展新动力[EB/OL]. (2017-

07-25)[2022-01-28]. http://news.china.com.cn/2017-07/25/content_41283097.htm.

董晓波，2012. 法律英语语言特点与法律英语教学[J]. 黔南民族师范学院学报，(2)：80-85.

杜广才，2010. 法律英语语篇名词化结构及其汉译[J]. 西安外国语大学学报，(2)：71-74.

段瑞云，2009. 英语标点元话语的功能探析[J]. 合肥学院学报（社会科学版），(6)：103-106.

法律应用研究中心，2016. 最高人民法院民事诉讼文书样式：制作诉讼文书样式（人民法院卷上册）[Z]. 北京：中国法制出版社.

范天玉，2019. 当代中国语境下的"IP"定义分析[J]. 陕西广播电视大学学报，(4)：88-91，94.

冯珊珊，2015. 以《北美自由贸易协定》翻译为例看法律文本汉译[J]. 商，(33)：200，157.

弗里德曼. 评论：法律及其语言[M]//梅林科夫. 法律的语言. 廖美珍，译. 北京：法律出版社，2014：587-614.

古德里奇，2007. 法律话语[M]. 赵洪芳，毛凤凡，译. 北京：法律出版社.

顾曰国. 礼貌、语用与文化[J]. 外语教学与研究，1992，(4)：10-17，80.

桂诗春，杨惠中，2003. 中国学习者英语语料库[M]. 上海：上海外语教育出版社.

国际授权业协会，2023. 重磅发布！2023年全球授权市场报告：全球授权商品及服务销售额达3408亿美元，同比增长8%[EB/OL]. (2023-08-21)[2024-06-20]. https://www. licensing.org.cn/10237.html.

国家税务总局. 金融账户涉税信息自动交换多边主管当局间协议（中译本）[EB/OL]. (2018-05-18)[2019-03-12]. http://www.chinatax.gov.cn/n810341/n810770/c2620245/content.html.

国务院法制办公室，2015. 中华人民共和国英文法规大系（法律编　刑法、程序法卷）[Z]. 北京：中国法治出版社.

韩礼德，哈桑，2007. 英语的衔接[M]. 张德禄，王珏纯，韩玉萍，等译. 北京：外语教学与研究出版社.

郝倩，2013.《联合国国际货物销售合同公约》的间接适用：中国对CISG 第1条第1款（b）项的保留[J]. 法制博览（中旬刊），(7)：252.

郝雯婧，王雪梅，2018. 网络IP剧对外传播的创新翻译思维研究[J]. 吉首大学学报（社会科学版），(S1)：175-177.

胡丹，2011. 基于法律英语语料库的情态动词的研究[J]. 山东外语教学，(1)：23-27.

胡庚申，2010. 生态翻译学：产生的背景与发展的基础[J]. 外语研究，(4)：62-67，112.

胡庚申，2011. 生态翻译学的研究焦点与理论视角[J]. 中国翻译，(2)：5-9，95.

胡庚申，2013. 生态翻译学：建构与诠释[M]. 北京：商务印书馆.

黄熊，2015. 浅谈缩短专利申请授权时间的十项措施[J]. 中国发明与专利，(1)：67-68.

黄友义，2004. 坚持"外宣三贴近"原则，处理好外宣翻译中的难点问题[J]. 中国翻译，(6)：29-30.

霍恩比，2018. 牛津高阶英汉双解词典[Z]. 9版. 李旭影，等译. 北京：商务印书馆. 156.

季益广，1999. 法律英语的文体特点及英译技巧[J]. 中国科技翻译，(4)：6-9，39.

《建设工程招标代理一本通》编委会，2008. 建设工程招标代理一本通[M]. 武汉：华中科技大学出版社.

《交通大辞典》编委会，2005. 交通大辞典[Z]. 上海：上海交通大学出版社.

江必新，何东林，等，2012. 最高人民法院指导性案例裁判规则理解与适用：合同卷一[M]. 北京：中国法制出版社.

江小妍，王亮，2016. 泛娱乐环境下的IP运营模式研究[J]. 科技与出版，(5)：23-27.

金朋荪，郭彤. 法律英语中And和Or的语境分析[J]. 中国电力教育，2009，（01）：227-228.

金韶，黄翀，2018. 日本动漫产业的IP运营模式和经验启示[J]. 传媒，(24)：53-56.

科农利，2004. 商法简明案例[M]. 2版. 武昌：武汉大学出版社.

夸克，戈林鲍姆，利奇，等，1998. 英语语法大全[M]. 苏州大学《英语语法大全》翻译组，译. 上海：华东师范大学出版社.

莱德，马德范，2020. 知识产权与商业：无形资产的力量[M]. 北京：知识产权出版社.

蓝红军，2020. 国家翻译实践——从现实需求到理论建构[J]. 外国语文，(5)：112-118.

雷彦璋，2013. 对风险说不：涉外合同关键词导读与解析[M]. 北京：知识产权出版社.

李丹，2020. 语言学视角国家认同研究：兴起与进展[J]. 天津外国语大学学报，(3)：144-155.

李桂东，2021. 首届"新时代中国外语教育的国家意识话语体系构建研讨会"综述[J]. 当代外语研究，(3)：109-112.

李国庆，2005. 连接词在语篇的体裁构建和语篇的体裁辨认上的贡献[J]. 外语教学，(1)：7-11.

李建军，2010. 翻译文化论[M]. 上海：复旦大学出版社.

李克兴，2018. 法律翻译 译·注·评[M]. 北京：清华大学出版社.

李萍，2018. 从法律英语的词汇特征评《民法总则》的英译[J]. 中国科技翻译，(2)：33-35，62.

李淑康，李克，2016. 转喻式翻译理论对法律文本翻译的指导作用[J]. 西南政法大学，(6)：130-135.

李巍，2012. 论中国撤回对于《联合国国际货物销售合同公约》第1条b项的保留[J]. 法学家，(5)：93-103，178.

李玮，2021. 环境资源案件归口审理问题研究[D]. 西安：西北大学.

李旭红，刘锋，2017. CRS对全球资产配置的影响[J]. 国际税收，(2)：40-43.

李英，董亚婧，2015. UCP600中时间节点的法律问题研究[J]. 华北电力大学学报（社会科学版），(2)：41-48.

连淑能，2006. 中西思维方式：悟性与理性——兼论汉英语言常用的表达方式[J]. 外语与外语教学，(7)：35-38.

联合国. 联合国国际货物销售合同公约[EB/OL].(2010-12)[2024-07-01]. https://uncitral.un.org/sites/uncitral.un.org/files/media-documents/uncitral/zh/v1056996-cisg-c.pdf.

联合国. 行动使命：正式语文[EB/OL]. [2024-07-01]. https://www.un.org/zh/our-work/official-languages.

廖学全，2002. 法律英语的词法特点[J]. 西南政法大学学报，(3)：114-117.

林海，2005. 英语法律语言模糊语的存在理据和适用范围[J]. 齐齐哈尔大学学报（哲学社会科学版），(9)：115-117.

林穗芳，2000. 标点符号学习与应用[M]. 北京：人民出版社.

刘瑜，2013. 法律英语中的情态动词研究[J]. 佳木斯教育学院学报，(5)：355-356.

柳砚涛，2007. 时间的控权功能探析[J]. 社会科学辑刊，(3)：106-109.

卢敏，2008. 英语法律文本的语言特点与翻译[M]. 上海：上海交通大学出版社.

吕景和，2016. 《汉字解形释义字典》[Z]. 北京：华语教学出版社.

马莉，2009. 法律语言翻译的文化制约[M]. 北京：法律出版社.

梅林科夫. 法律的语言. 廖美珍，译. 北京：法律出版社，2014.

孟雪，刘立芹，2014. 国际货物销售合同口头订立问题[J]. 全国商情（理论研究），(5)：95.

宁琦，2021. 我国对外话语体系建设中的国家意识与国际意识[J]. 天津外国语大学学报，(6)：2-6.

潘苏悦，2015. 《毛泽东选集》英译本意识形态操纵之分析[J]. 上海翻译，(1)：68-71.

潘艳艳，2021. 国家翻译实践视角下的国家意识及其培养[J]. 当代外语研究，(5)：67-72，108.

彭双花，2013. 中国大陆法律法规语料库中的情态动词研究[J]. 长沙大学学报，(4)：115-117.

普洛斯，2016. 税收征管论坛不遗余力推进国际税改[J]. 国际税收，(5)：15-22.

普洛斯，胡斯顿，梁若莲，2015. 自动税收情报交换如何成为新的全球标准[J]. 国际税收，(8)：11-16.

秦平新，2011. 法律英语增强语的语义属性及词语搭配调查———一项基于法律汉英平行语料库的研究[J]. 新疆大学学报（哲学·人文社会科学版），(2)：153-156.

任东升，高玉霞，2015. 国家翻译实践初探[J]. 中国外语，12(3)：92-97，103.

任文，李娟娟，2021. 国家翻译能力研究：概念、要素、意义[J]. 中国翻译，(4)：5-14，191.

商静，2017. 生态翻译学视阈下旅游景区公示语翻译的"三维"转换[J]. 河北大学学报（哲学社会科学版），(4)：42-46.

申静，2014. 时代之"镜"：20世纪60———70年代欧美电影中的波普风格设计研究[C]//设计学研究·2013. 南京：南京艺术学院，219-236.

宋北平，2012. 法律语言[M]. 北京：中国政法大学出版社.

宋佳，2018. 文本分析模式视角下供水管网规划意向书翻译实践报告[D]. 天津：天津大学.

孙万彪，2003. 英汉法律翻译教程[M]. 上海：上海外语教育出版社.

谭桂声. 人教出版社审读室："等"与"等等"[EB/OL]. (2022-03-09)[2024-06-28]. http://www.bjkjqk.org.cn/Info/278.

汤洪波，2016. 析英语法律文本之句子翻译——以WTO规则翻译为例[J]. 海外英语，(13)：108-110.

唐娟华，2014. 新闻发言人的礼貌语言——兼略说汉语的礼貌语言系统[M]. 北京：中国国际广播出版社.

汪于祺，祁颖，2018. 条文法律语言的语句特征及法律条文长难句的英译策略[J]. 当代教育实践与教学研究，(1)：105-107.

王宝霞，2007. 论康德的时间观[J]. 理论月刊，(3)：35-37.

王大来，2004. 从翻译的文化功能看翻译中文化缺省补偿的原则[J]. 外语研究，(6)：68-70，77.

王克友，2005. 法律文本翻译中的英汉标点差异[J]. 郑州航空工业管理学院学报（社会科学版），(2)：82-85.

王振华，吴启竞，2017. 自顶向下的语篇连结机制——以法律教科书语篇为例[J]. 外语教学，(6)：12-17，79.

维茨扎克–皮力西尔卡，2017. 法律语境中义务性情态动词"应当"的语言元素[M]//克里登斯，哥兹–罗什科夫斯基. 语言与法律——国际视角. 北京：中国政法大学出版社：168-180.

吴静，石毓智，2005.英汉并列结构的语法共性与个性[J].外语学刊，(3)：51-59，112.

吴益民，2007.《联合国国际货物销售合同公约》与Incoterms 2000比较探析[J].国际贸易法论丛，(0)：62-72.

夏登峻，2014.法律英语英汉翻译技巧[M].2版.北京：法律出版社.

肖永平，王承志，2000.国际商事合同立法的新发展——《国际商事合同通则》与《联合国国际货物销售合同公约》特点之比较[J].法学论坛，(4)：94-98.

谢鸿飞.【学习宣传民法典】谢鸿飞：《民法典》中的世界性、中国性和时代性[EB/OL].(2020-09-16)[2022-08-04].https://www.163.com/dy/article/FMLRU414053408E7.html.

谢天振，2014.论翻译的职业化时代[J].东方翻译，(2)：4-9.

新华社.中华人民共和国刑事诉讼法[EB/OL].(2012-03-17)[2024-03-01].https://www.gov.cn/flfg/2012-03/17/content_2094354.htm.

熊健玿，朱年广，2002.日期、法定时限和合理期限：行政执法办案中有关时间的几个问题[J].工商行政管理，(22)：34-36.

熊赖虎，2011.权利的时间性[J].现代法学，(5)：3-12.

徐斌，2021.高校外语课程思政中的国家意识培育[J].当代外语研究，(4)：35-41，49.

徐平.什么是国防白皮书？国防白皮书里一般都有什么？[EB/OL].(2019-07-24)[2024-07-01].http://www.mod.gov.cn/gfbw/gfjy_index/js_214151/4846495.html.

许宏，2017.外宣翻译与国际形象建构[M].北京：时事出版社.

许鸣，2001.英语标点符号的第三种功能：替代功能[J].外语教学与研究，(5)：378-381.

许慎，2013.说文解字[M].北京：中华书局.

薛波，2013.元照英美法词典[M].北京：北京大学出版社.

薛伊文，2015.浅议国际条约在法律英语中的语言特点——以《联合国国际货物销售合同公约》为例[J].现代语文（语言研究版），(7)：113-115.

杨丹，2011.模糊性法律语言的语用功能[J].安徽工业大学学报（社会科学版），(1)：81-82.

杨帆，2008.中国对CISG的保留及该公约在CIETAC仲裁中的适用[J].武大国际法评论，(2)：307-329.

杨枫，2020.外语教育国家意识的文化政治学阐释[J].当代外语研究，(6)：1-2.

杨枫，2021.国家翻译能力建构的国家意识与国家传播[J].中国翻译，(4)：15-19.

杨良宜，莫世杰，扬大明，2006.仲裁法：从1996年英国仲裁法到国际商务仲裁[M].

北京：法律出版社.

杨平，2012. 拓展翻译研究的视野与空间，推进翻译专业教育的科学发展[J]. 中国翻译，(4)：9-10.

俞惠峰，2014. 系统功能语法下《联合国国际货物销售合同公约》元功能分析[D]. 成都：西南财经大学.

张法连，2009. 法律文本翻译基本原则探究[J]. 中国翻译，(5)：72-76.

张法连，2014. 法律语言研究：法律英语翻译[M]. 济南：山东大学出版社.

郑安文，2011. 法律英语的指称特点[J]. 安徽工业大学学报（社会科学版），(2)：74-76. 160

中国国际贸易促进委员会，中国国际经济贸易仲裁委员会仲裁规则（2015版）[EB/OL]. [2022-06-28]. http://www.cietac.org.cn/Uploads/2019 02/5c614d80b051f.pdf.

中国社会科学院语言研究所词典编辑室，2016. 现代汉语词典（第7版）[M]. 北京：商务印书馆.

中华人民共和国工业和信息化部信息中心. 2017年中国泛娱乐产业白皮书[EB/OL]. (2017-03-07)[2024-06-28]. https://miitxxzx.org.cn/n955514/n955524/c957080/part/957082.pdf.

中华人民共和国国家工商行政管理总局.工商总局关于制定推行合同示范文本工作的指导意见（工商市字〔2015〕178号）[EB/OL]. (2015-10-30)[2024-06-28]. https://www.gov.cn/zhengce/2016-04/05/content_5061312.htm.

中华人民共和国国家工商行政管理总局.工商总局主要职责内设机构和人员编制规定全文[EB/OL]. (2008-07-26)[2024-06-28]. https://www.gov.cn/gzdt/2008-07/26/content_1056531.htm.

中华人民共和国国家质量监督检验检疫总局，中国国家标准化管理委员会，2011. 中华人民共和国国家标准：GB/T 15835—2011：出版物上数字用法[S]. 北京：中国标准出版社.

中华人民共和国教育部，财政部，国家发展和改革委员会.教育部　财政部　国家发展改革委关于深入推进世界一流大学和一流学科建设的若干意见[EB/OL]. (2022-01-26)[2024-07-01]. http://www.moe.gov.cn/srcsite/A22/s7065/202202/t20220211_598706.html.

中华人民共和国文化和旅游部. 关于推动数字文化产业高质量发展的意见（文旅产业发〔2020〕78号）[EB/OL]. (2020-11-18)[2022-04-28]. https://zwgk.mct.gov.cn/zfxxgkml/cyfz/202012/t20201206_916978.html.

中华人民共和国住房和城乡建设部.住房城乡建设部 工商总局印发建设工程施

工合同（示范文本）[EB/OL]. (2017-10-30)[2024-07-01]. https://www.gov.cn/xinwen/2017-10/30/content_5235483.htm.

中华人民共和国最高人民法院. 中国环境资源审判（2019年）[EB/OL]. (2020-05-08)[2020-08-02]. https://www.court.gov.cn/zixun-xiangqing-228341.html.

中华人民共和国最高人民法院. 最高人民法院 关于印发《人民法院民事裁判文书制作规范》《民事诉讼文书样式》的通知（法〔2016〕221号）[EB/OL]. (2016-06-28)[2023-0506]. http://qqherlj.hljcourt.gov.cn/public/detail.php?id=4402.

周领顺，2005. 翻译的层次性、译者的一致性和原则的可控性[J]. 解放军外国语学院学报，(1)：59-64.

朱虎. 动产和权利担保的制度创新[EB/OL]. (2020-11-23)[2022-08-04]. https://www.thepaper.cn/newsDetail_forward_10110745.

朱佳，2015. 法律英语中形容词搭配及其模糊性探讨——基于USC语料库的reasonable个案研究[J]. 浙江理工大学学报（社会科学版），(12)：512-516.

朱岩，潘玮璘，2014. 承诺方式制度比较研究——以我国《合同法》与《联合国国际货物销售合同公约》为例[J]. 法学家，(5)：137-149，179-180. 162.

附　录

附录 1：CISG 英文版和中文版（节选）

UNITED NATIONS CONVENTION ON CONTRACTS FOR THE INTERNATIONAL SALE OF GOODS (1980)[CISG]①

The States Parties to this convention,

Bearing in mind the broad objectives in the resolutions adopted by the sixth special session of the General Assembly of the United Nations on the establishment of a New International Economic Order,

Considering that the development of international trade on the basis of equality and mutual benefit is an important element in promoting friendly relations among States,

Being of the opinion that the adoption of uniform rules which govern contracts for the international sale of goods and take into account the different social, economic and legal systems would contribute to the removal of legal barriers in international trade and promote the development of international trade,

HAVE AGREED as follows:

PART I Sphere of application and general provisions

Chapter I Sphere of application

...

Article 11

A contract of sale need not be concluded in or evidenced by writing and is not subject to any other requirement as to form. It may be proved by any means, including witnesses.

---

① United Nations. United nations convention on contracts for the international sale of goods[EB/ OL]. (2010-11)[2024-07-01]. https://uncitral.un.org/sites/uncitral.un.org/files/media-documents/uncitral/en/19-09951_e_ebook.pdf.

Article 12

Any provision of article 11, article 29 or Part II of this Convention that allows a contract of sale or its modification or termination by agreement or any offer, acceptance or other indication of intention to be made in any form other than in writing does not apply where any party has his place of business in a Contracting State which has made a declaration under article 96 of this Convention. The parties may not derogate from or vary the effect or this article.

...

PART II Formation of the contract

Article 14

(1) A proposal for concluding a contract addressed to one or more specific persons constitutes an offer if it is sufficiently definite and indicates the intention of the offeror to be bound in case of acceptance. A proposal is sufficiently definite if it indicates the goods and expressly or implicitly fixes or makes provision for determining the quantity and the price.

(2) A proposal other than one addressed to one or more specific persons is to be considered merely as an invitation to make offers, unless the contrary is clearly indicated by the person making the proposal.

Article 15

(1) An offer becomes effective when it reaches the offeree.

(2) An offer, even if it is irrevocable, may be withdrawn if the withdrawal reaches the offeree before or at the same time as the offer.

Article 16

(1) Until a contract is concluded an offer may be revoked if the revocation reaches the offeree before he has dispatched an acceptance.

(2) However, an offer cannot be revoked:

(a) if it indicates, whether by stating a fixed time for acceptance or otherwise, that it is irrevocable; or

(b) if it was reasonable for the offeree to rely on the offer as being irrevocable and the offeree has acted in reliance on the offer.

Article 17

An offer, even if it is irrevocable, is terminated when a rejection reaches the offeror.

Article 18

(1) A statement made by or other conduct of the offeree indicating assent to an offer is an acceptance. Silence or inactivity does not in itself amount to acceptance.

(2) An acceptance of an offer becomes effective at the moment the indication of assent reaches the offeror. An acceptance is not effective if the indication of assent does not reach the offeror within the time he has fixed or, if no time is fixed, within a reasonable time, due account being taken of the circumstances of the transaction, including the rapidity of the means of communication employed by the offeror. An oral offer must be accepted immediately unless the circumstances indicate otherwise.

(3) However, if, by virtue of the offer or as a result of practices which the parties have established between themselves or of usage, the offeree may indicate assent by performing an act, such as one relating to the dispatch of the goods or payment of the price, without notice to the offeror, the acceptance is effective at the moment the act is performed, provided that the act is performed within the period of time laid down in the preceding paragraph.

Article 19

(1) A reply to an offer which purports to be an acceptance but contains additions, limitations or other modifications is a rejection of the offer and constitutes a counter-offer.

(2) However, a reply to an offer which purports to be an acceptance but contains additional or different terms which do not materially alter the terms of the offer constitutes an acceptance, unless the offeror, without undue delay, objects orally to the discrepancy or dispatches a notice to that effect. If he does not so object, the terms of the contract are the terms of the offer with the modifications contained in the acceptance.

(3) Additional or different terms relating, among other things, to the price, payment, quality and quantity of the goods, place and time of delivery, extent of one party's liability to the other or the settlement of disputes are considered to alter the terms of the offer materially.

Article 20

(1) A period of time for acceptance fixed by the offeror in a telegram or a letter begins to run from the moment the telegram is handed in for dispatch or from the date shown on the letter or, if no such date is shown, from the date shown on the envelope. A period of time for acceptance fixed by the offeror by telephone, telex or other means of instantaneous communication, begins to run from the moment that the offer reaches the

offeree.

(2) Official holidays or non-business days occurring during the period for acceptance are included in calculating the period. However, if a notice of acceptance cannot be delivered at the address of the offeror on the last day of the period because that day falls on an official holiday or a non-business day at the place of business of the offeror, the period is extended until the first business day which follows.

Article 21

(1) A late acceptance is nevertheless effective as an acceptance if without delay the offeror orally so informs the offeree or dispatches a notice to that effect.

(2) If a letter or other writing containing a late acceptance shows that it has been sent in such circumstances that if its transmission had been normal it would have reached the offeror in due time, the late acceptance is effective as an acceptance unless, without delay, the offeror orally informs the offeree that he considers his offer as having lapsed or dispatches a notice to that effect.

Article 22

An acceptance may be withdrawn if the withdrawal reaches the offeror before or at the same time as the acceptance would have become effective.

Article 23

A contract is concluded at the moment when an acceptance of an offer becomes effective in accordance with the provisions of this Convention.

Article 24

For the purposes of this Part of the Convention, an offer, declaration of acceptance or any other indication of intention "reaches" the addressee when it is made orally to him or delivered by any other means to him personally, to his place of business or mailing address or, if he does not have a place of business or mailing address, to his habitual residence.

PART III Sale of goods

Chapter I General provisions

...

Article 29

(1) A contract may be modified or terminated by the mere agreement of the parties.

(2) A contract in writing which contains a provision requiring any modification or

termination by agreement to be in writing may not be otherwise modified or terminated by agreement. However, a party may be precluded by his conduct from asserting such a provision to the extent that the other party has relied on that conduct.

...

PART IV Final provisions

...

Article 96

A Contracting State whose legislation requires contracts of sale to be concluded in or evidenced by writing may at any time make a declaration in accordance with article 12 that any provision of article 11, article 29, or Part II of this Convention, that allows a contract of sale or its modification or termination by agreement or any offer, acceptance, or other indication of intention to be made in any form other than in writing, does not apply where any party has his place of business in that State.

...

联合国国际货物销售合同公约①

（1980 年 4 月 11 日订于维也纳）

序 言

本公约各缔约国，

铭记联合国大会第六届特别会议通过的关于建立新的国际经济秩序的各项决议的广泛目标，

考虑到在平等互利基础上发展国际贸易是促进各国间友好关系的一个重要因素，

认为采用照顾到不同的社会、经济和法律制度的国际货物销售合同统一规则，将有助于减少国际贸易的法律障碍，促进国际贸易的发展，

兹协议如下：

第一部分　适用范围和总则

第一章　适用范围

……

第 11 条

销售合同无须以书面订立或书面证明，在形式方面也不受任何其他条件的限制。销售合同可以用包括人证在内的任何方法证明。

第 12 条

本公约第 11 条、第 29 条或第二部分准许销售合同或其更改或根据协议终止，或者任何发价、接受或其他意旨表示得以书面以外任何形式做出的任何规定不适用，如果任何一方当事人的营业地是在已按照本公约第 96 条做出了声明的一个缔约国内，各当事人不得减损本条或改变其效力。

……

① 联合国 . 联合国国际货物销售合同公约 [EB/ OL]. (2010-12)[2024-07-01]. https://uncitral. un.org/sites/uncitral.un.org/files/media-documents/uncitral/zh/v1056996-cisg-c.pdf.

第二部分　合同的订立

第 14 条

（1）向一个或一个以上特定的人提出的订立合同的建议，如果十分确定并且表明发价人在得到接受时承受约束的意旨，即构成发价。一个建议如果写明货物并且明示或暗示地规定数量和价格或规定如何确定数量和价格，即为十分确定。

（2）非向一个或一个以上特定的人提出的建议，仅应视为邀请做出发价，除非提出建议的人明确地表示相反的意向。

第 15 条

（1）发价于送达被发价人时生效。

（2）一项发价，即使是不可撤销的，得予撤回，如果撤回通知于发价送达被发价人之前或同时，送达被发价人。

第 16 条

（1）在未订立合同之前，发价得予撤销，如果撤销通知于被发价人发出接受通知之前送达被发价人。

（2）但在下列情况下，发价不得撤销：

（a）发价写明接受发价的期限或以其他方式表示发价是不可撤销的；或

（b）被发价人有理由信赖该项发价是不可撤销的，而且被发价人已本着对该项发价的信赖行事。

第 17 条

一项发价，即使是不可撤销的，于拒绝通知送达发价人时终止。

第 18 条

（1）被发价人声明或做出其他行为表示同意一项发价，即是接受。缄默或不行动本身不等于接受。

（2）接受发价于表示同意的通知送达发价人时生效。如果表示同意的通知在发价人所规定的时间内，如未规定时间，在一段合理的时间内，未曾送达发价人，接受就成为无效，但须适当地考虑到交易的情况，包括发价人所使用的通讯方法的迅速程度。对口头发价必须立即接受，但情况有别者不在此限。

（3）但是，如果根据该项发价或依照当事人之间确立的习惯做法或惯例，被发价人可以做出某种行为，例如与发运货物或支付价款有关的行为，来表示同意，而无须向发价人发出通知，则接受于该项行为做出时生效，但该项行为必须在上一款所规定的期间内做出。

第 19 条

（1）对发价表示接受但载有添加、限制或其他更改的答复，即为拒绝该项发价，并构成还价。

（2）但是，对发价表示接受但载有添加或不同条件的答复，如所载的添加或不同条件在实质上并不变更该项发价的条件，除发价人在不过分迟延的期间内以口头或书面通知反对其间的差异外，仍构成接受。如果发价人不做出这种反对，合同的条件就以该项发价的条件以及接受通知内所载的更改为准。

（3）有关货物价格、付款、货物质量和数量、交货地点和时间、一方当事人对另一方当事人的赔偿责任范围或解决争端等等的添加或不同条件，均视为在实质上变更发价的条件。

第 20 条

（1）发价人在电报或信件内规定的接受期间，从电报交发时刻或信上载明的发信日期起算，如信上未载明发信日期，则从信封上所载日期起算。发价人以电话电传或其他快速通讯方法规定的接受期间，从发价送达被发价人时起算。

（2）在计算接受期间时，接受期间内的正式假日或非营业日应计算在内。但是，如果接受通知在接受期间的最后一天未能送到发价人地址，因为那天在发价人营业地是正式假日或非营业日，则接受期间应顺延至下一个营业日。

第 21 条

（1）逾期接受仍有接受的效力，如果发价人毫不迟延地用口头或书面将此种意见通知被发价人。

（2）如果载有逾期接受的信件或其他书面文件表明，它是在传递正常、能及时送达发价人的情况下寄发的，则该项逾期接受具有接受的效力，除非发价人毫不迟延地用口头或书面通知被发价人：他认为他的发价已经失效。

第 22 条

接受得予撤回，如果撤回通知于接受原应生效之前或同时，送达发价人。

第 23 条

合同于按照本公约规定对发价的接受生效时订立。

第 24 条

为公约本部分的目的，发价、接受声明或任何其他意旨表示"送达"对方，系指用口头通知对方或通过任何其他方法送交对方本人，或其营业地或通讯地址，如无营业地或通讯地址，则送交对方惯常居住地。

第三部分　货物销售

第一章　总则

......

第 29 条

（1）合同只需双方当事人协议，就可更改或终止。

（2）规定任何更改或根据协议终止必须以书面做出的书面合同，不得以任何其他方式更改或根据协议终止。但是，一方当事人的行为，如经另一方当事人寄以信赖，就不得坚持此项规定。

......

第四部分　最后条款

......

第 96 条

本国法律规定销售合同必须以书面订立或书面证明的缔约国，可以随时按照第 12 条的规定，声明本公约第 11 条、第 29 条或第二部分准许销售合同或其更改或根据协议终止，或者任何发价、接受或其他意旨表示得以书面以外任何形式做出的任何规定不适用，如果任何一方当事人的营业地是该缔约国内。

......

附录 2：MCAA 英文版和中文版

Multilateral Competent Authority Agreement on Automatic Exchange of Financial Account Information[①]

Whereas, the jurisdictions of the signatories to the Multilateral Competent Authority Agreement on Automatic Exchange of Financial Account Information (the "Agreement") are Parties of, or territories covered by, the Convention on Mutual Administrative Assistance in Tax Matters or the Convention on Mutual Administrative Assistance in Tax Matters as amended by the Protocol amending the Convention on Mutual Administrative Assistance in Tax Matters (the "Convention") or have signed or expressed their intention to sign the Convention and acknowledge that the Convention must be in force and in effect in relation to them before the first exchange of financial account information takes place;

Whereas, the jurisdictions intend to improve international tax compliance by further building on their relationship with respect to mutual assistance in tax matters;

Whereas, the Common Reporting Standard was developed by the OECD, with G20 members, to tackle tax avoidance and evasion and improve tax compliance;

Whereas, a country that has signed or expressed its intention to sign the Convention will only become a Jurisdiction as defined in Section 1 of this Agreement once it has become a Party to the Convention;

Whereas, the laws of the respective Jurisdictions require or are expected to require financial institutions to report information regarding certain accounts and follow related due diligence procedures, consistent with the scope of exchange contemplated by

---

① BVI ITA. Multilateral competent authority agreement on automatic exchange of financial account information[EB/OL]. (2021-02)[2024-07-01]. https://bviita.vg/wp-content/uploads/2021/02/multilateral-competent-authority-agreement-CRS.pdf.

Section 2 of this Agreement and the reporting and due diligence procedures set out in the Common Reporting Standard;

Whereas, it is expected that the laws of the Jurisdictions would be amended from time to time to reflect updates to the Common Reporting Standard and once such changes are enacted by a Jurisdiction the definition of Common Reporting Standard would be deemed to refer to the updated version in respect of that Jurisdiction;

Whereas, Chapter III of the Convention authorises the exchange of information for tax purposes, including the exchange of information on an automatic basis, and allows the competent authorities of the Jurisdictions to agree the scope and modalities of such automatic exchanges;

Whereas, Article 6 of the Convention provides that two or more Parties can mutually agree to exchange information automatically, the exchange of the information will be on a bilateral basis between the Competent Authorities;

Whereas, the Jurisdictions have, or are expected to have, in place by the time the first exchange takes place (i) appropriate safeguards to ensure that the information received pursuant to this Agreement remains confidential and is used solely for the purposes set out in the Convention, and (ii) the infrastructure for an effective exchange relationship (including established processes for ensuring timely, accurate, and confidential information exchanges, effective and reliable communications, and capabilities to promptly resolve questions and concerns about exchanges or requests for exchanges and to administer the provisions of Section 4 of this Agreement);

Whereas, the Competent Authorities of the jurisdictions intend to conclude an agreement to improve international tax compliance based on automatic exchange pursuant to the Convention, without prejudice to national legislative procedures (if any), respecting EU law (if applicable), and subject to the confidentiality and other protections provided for in the Convention, including the provisions limiting the use of the information exchanged thereunder;

Now, therefore, the Competent Authorities have agreed as follows:

SECTION 1 Definitions

1. For the purposes of this Agreement, the following terms have the following meanings:

a) the term "**Jurisdiction**" means a country or a territory in respect of which the Convention is in force and is in effect, either through signature and ratification in accordance with Article 28, or through territorial extension in accordance with Article 29, and which is a signatory to this Agreement;

b) the term "**Competent Authority**" means, for each respective Jurisdiction, the persons and authorities listed in Annex B of the Convention;

c) the term "**Jurisdiction Financial Institution**" means, for each respective Jurisdiction, (i) any Financial Institution that is resident in the Jurisdiction, but excludes any branch of that Financial Institution that is located outside the Jurisdiction, and (ii) any branch of a Financial Institution that is not resident in the Jurisdiction, if that branch is located in the Jurisdiction;

d) the term "**Reporting Financial Institution**" means any Jurisdiction Financial Institution that is not a Non-Reporting Financial Institution;

e) the term "**Reportable Account**" means a Financial Account that is maintained by a Reporting Financial Institution and that, pursuant to due diligence procedures consistent with the Common Reporting Standard, has been identified as an account that is held by one or more persons that are Reportable Persons with respect to another Jurisdiction or by a Passive Non-Financial Entity with one or more Controlling Persons that are Reportable Persons with respect to another Jurisdiction;

f) the term "**Common Reporting Standard**" means the standard for automatic exchange of financial account information in tax matters (which includes the Commentaries), developed by the OECD, with G20 members;

g) the term "**Co-ordinating Body Secretariat**" means the OECD Secretariat that, pursuant to paragraph 3 of Article 24 of the Convention, provides support to the co-ordinating body that is composed of representatives of the competent authorities of the Parties to the Convention;

h) the term "**Agreement in effect**" means, in respect of any two Competent Authorities, that both Competent Authorities have indicated their intention to automatically exchange information with each other and have satisfied the other conditions set out in subparagraph 2.1. of Section 7. The Competent Authorities for which this Agreement is in effect are listed in Annex E.

2. Any capitalised term not otherwise defined in this Agreement will have the meaning that it has at that time under the law of the Jurisdiction applying the Agreement, such meaning being consistent with the meaning set forth in the Common Reporting Standard. Any term not otherwise defined in this Agreement or in the Common Reporting Standard will, unless the context otherwise requires or the

Competent Authorities agree to a common meaning (as permitted by domestic law), have the meaning that it has at that time under the law of the Jurisdiction applying this Agreement, any meaning under the applicable tax laws of that Jurisdiction prevailing over a meaning given to the term under other laws of that Jurisdiction.

SECTION 2 Exchange of Information with Respect to Reportable Accounts

1.1. Pursuant to the provisions of Articles 6 and 22 of the Convention and subject to the applicable reporting and due diligence rules consistent with the Common Reporting Standard, each Competent Authority will annually exchange with the other Competent Authorities, with respect to which it has this Agreement in effect, on an automatic basis the information obtained pursuant to such rules and specified in paragraph 2.

1.2. Notwithstanding the previous paragraph, the Competent Authorities of the Jurisdictions listed in Annex A will send, but not receive, the information specified in paragraph 2. Competent Authorities of Jurisdictions not listed in Annex A will always receive the information specified in paragraph 2. Competent Authorities will not send such information to Competent Authorities of the Jurisdictions listed in Annex A.

2. The information to be exchanged is, with respect to each Reportable Account of another Jurisdiction:

a) the name, address, TIN(s) and date and place of birth (in the case of an individual) of each Reportable Person that is an Account Holder of the account and, in the case of any Entity that is an Account Holder and that, after application of due diligence procedures consistent with the Common Reporting Standard, is identified as having one or more Controlling Persons that is a Reportable Person, the name, address, and TIN(s) of the Entity and the name, address, TIN(s) and date and place of birth of each Reportable Person;

b) the account number (or functional equivalent in the absence of an account number);

c) the name and identifying number (if any) of the Reporting Financial Institution;

d) the account balance or value (including, in the case of a Cash Value Insurance Contract or Annuity Contract, the Cash Value or surrender value) as of the end of the relevant calendar year or other appropriate reporting period or, if the account was closed during such year or period, the closure of the account;

e) in the case of any Custodial Account:

(1) the total gross amount of interest, the total gross amount of dividends, and

the total gross amount of other income generated with respect to the assets held in the account, in each case paid or credited to the account (or with respect to the account) during the calendar year or other appropriate reporting period; and

(2) the total gross proceeds from the sale or redemption of Financial Assets paid or credited to the account during the calendar year or other appropriate reporting period with respect to which the Reporting Financial Institution acted as a custodian, broker, nominee, or otherwise as an agent for the Account Holder;

f) in the case of any Depository Account, the total gross amount of interest paid or credited to the account during the calendar year or other appropriate reporting period; and

g) in the case of any account not described in subparagraph 2(e) or (f), the total gross amount paid or credited to the Account Holder with respect to the account during the calendar year or other appropriate reporting period with respect to which the Reporting Financial Institution is the obligor or debtor, including the aggregate amount of any redemption payments made to the Account Holder during the calendar year or other appropriate reporting period.

SECTION 3 Time and Manner of Exchange of Information

1. For the purposes of the exchange of information in Section 2, the amount and characterisation of payments made with respect to a Reportable Account may be determined in accordance with the principles of the tax laws of the Jurisdiction exchanging the information.

2. For the purposes of the exchange of information in Section 2, the information exchanged will identify the currency in which each relevant amount is denominated.

3. With respect to paragraph 2 of Section 2, and subject to the notification procedure set out in Section 7, including the dates specified therein, information is to be exchanged commencing from the years specified in Annex F within nine months after the end of the calendar year to which the information relates. Notwithstanding the foregoing sentence, information is only required to be exchanged with respect to a calendar year if both Competent Authorities have this Agreement in effect and their respective Jurisdictions have in effect legislation that requires reporting with respect to such calendar year that is consistent with the scope of exchange provided for in Section 2 and the reporting and due diligence procedures contained in the Common Reporting Standard.

4. [deleted]

5. The Competent Authorities will automatically exchange the information described in Section 2 in the common reporting standard schema in Extensible Markup Language.

6. The Competent Authorities will work towards and agree on one or more methods for data transmission including encryption standards with a view to maximising standardisation and minimising complexities and costs and will specify those in Annex B.

SECTION 4 Collaboration on Compliance and Enforcement

A Competent Authority will notify the other Competent Authority when the first-mentioned Competent Authority has reason to believe that an error may have led to incorrect or incomplete information reporting or there is non-compliance by a Reporting Financial Institution with the applicable reporting requirements and due diligence procedures consistent with the Common Reporting Standard. The notified Competent Authority will take all appropriate measures available under its domestic law to address the errors or non-compliance described in the notice.

SECTION 5 Confidentiality and Data Safeguards

1. All information exchanged is subject to the confidentiality rules and other safeguards provided for in the Convention, including the provisions limiting the use of the information exchanged and, to the extent needed to ensure the necessary level of protection of personal data, in accordance with the safeguards which may be specified by the supplying Competent Authority as required under its domestic law and listed in Annex C.

2. A Competent Authority will notify the Co-ordinating Body Secretariat immediately regarding any breach of confidentiality or failure of safeguards and any sanctions and remedial actions consequently imposed. The Co-ordinating Body Secretariat will notify all Competent Authorities with respect to which this is an Agreement in effect with the first mentioned Competent Authority.

SECTION 6 Consultations and Amendments

1. If any difficulties in the implementation or interpretation of this Agreement arise, a Competent Authority may request consultations with one or more of the Competent Authorities to develop appropriate measures to ensure that this Agreement is fulfilled. The Competent Authority that requested the consultations shall ensure, as appropriate, that the Co-ordinating Body Secretariat is notified of any measures that were developed and the Co-ordinating Body Secretariat will notify all Competent Authorities, even those that did not participate in the consultations, of any measures that were developed.

2. This Agreement may be amended by consensus by written agreement of all of the Competent Authorities that have the Agreement in effect. Unless otherwise agreed upon, such an amendment is effective on the first day of the month following the expiration of a period of one month after the date of the last signature of such written agreement.

SECTION 7　Term of Agreement

1. A Competent Authority must provide, at the time of signature of this Agreement or as soon as possible after its Jurisdiction has the necessary laws in place to implement the Common Reporting Standard, a notification to the Co-ordinating Body Secretariat:

a) that its Jurisdiction has the necessary laws in place to implement the Common Reporting Standard and specifying the relevant effective dates with respect to Preexisting Accounts, New Accounts, and the application or completion of the reporting and due diligence procedures;

b) confirming whether the Jurisdiction is to be listed in Annex A;

c) specifying one or more methods for data transmission including encryption (Annex B);

d) specifying safeguards, if any, for the protection of personal data (Annex C);

e) that it has in place adequate measures to ensure the required confidentiality and data safeguards standards are met and attaching the completed confidentiality and data safeguard questionnaire, to be included in Annex D; and

f) a list of the Jurisdictions of the Competent Authorities with respect to which it intends to have this Agreement in effect, following national legislative procedures (if any).

Competent Authorities must notify the Co-ordinating Body Secretariat, promptly, of any subsequent change to be made to the above-mentioned Annexes.

2.1. This Agreement will come into effect between two Competent Authorities on the later of the following dates: (i) the date on which the second of the two Competent Authorities has provided notification to the Co-ordinating Body Secretariat under paragraph 1, including listing the other Competent Authority's Jurisdiction pursuant to subparagraph 1(f), and, if applicable, (ii) the date on which the Convention has entered into force and is in effect for both Jurisdictions.

2.2. The Co-ordinating Body Secretariat will maintain a list that will be published on the OECD website of the Competent Authorities that have signed the Agreement and between which Competent Authorities this is an Agreement in effect (Annex E).

2.3. The Co-ordinating Body Secretariat will publish on the OECD website the information provided by Competent Authorities pursuant to subparagraphs 1(a) and (b). The information provided pursuant to subparagraphs 1(c) through (f) will be made available to other signatories upon request in writing to the Co-ordinating Body Secretariat.

3. A Competent Authority may suspend the exchange of information under this Agreement by giving notice in writing to another Competent Authority that it has determined that there is or has been significant non-compliance by the second-mentioned Competent Authority with this Agreement. Such suspension will have immediate effect. For the purposes of this paragraph, significant non-compliance includes, but is not limited to, non-compliance with the confidentiality and data safeguard provisions of this Agreement and the Convention, a failure by the Competent Authority to provide timely or adequate information as required under this Agreement or defining the status of Entities or accounts as Non-Reporting Financial Institutions and Excluded Accounts in a manner that frustrates the purposes of the Common Reporting Standard.

4. A Competent Authority may terminate its participation in this Agreement, or with respect to a particular Competent Authority, by giving notice of termination in writing to the Co-ordinating Body Secretariat. Such termination will become effective on the first day of the month following the expiration of a period of 12 months after the date of the notice of termination. In the event of termination, all information previously received under this Agreement will remain confidential and subject to the terms of the Convention.

SECTION 8 Co-ordinating Body Secretariat

1. Unless otherwise provided for in the Agreement, the Co-ordinating Body Secretariat will notify all Competent Authorities of any notifications that it has received under this Agreement and will provide a notice to all signatories of the Agreement when a new Competent Authority signs the Agreement.

2. All signatories to the Agreement will share equally, on an annual basis, the costs for the administration of the Agreement by the Co-ordinating Body Secretariat. Notwithstanding the previous sentence, qualifying countries will be exempt from sharing the costs in accordance with Article X of the Rules of Procedure of the Co-ordinating Body of the Convention.

Done in English and French, both texts being equally authentic.

ANNEX A: LIST OF NON-RECIPROCAL JURISDICTIONS

ANNEX B: TRANSMISSION METHODS

ANNEX C: SPECIFIED DATA SAFEGUARDS

ANNEX D: CONFIDENTIALITY QUESTIONNAIRE

ANNEX E: COMPETENT AUTHORITIES FOR WHICH THIS IS AN AGREEMENT IN EFFECT

ANNEX F: INTENDED EXCHANGE DATES

金融账户涉税信息自动交换多边主管当局间协议^①

　　签署"金融账户涉税信息自动交换多边主管当局间协议"（以下简称本协议）的辖区均为《多边税收征管互助公约》（以下简称《公约》）或经议定书修订的《公约》的缔约方或其所涵盖的地区，或者已签署参加《公约》意向书或已明确表达签署《公约》的意愿，并认可在第一次金融账户涉税信息交换开始之前，确保《公约》的生效执行；

　　各辖区有意愿通过加强税收征管互助关系，提高国际税收遵从度；

　　统一报告标准由经济合作与发展组织（以下简称经合组织）与二十国集团成员国共同制订，以应对逃避税行为并提高税收遵从度；

　　已签署参加《公约》意向书或已表达意愿将签署《公约》的国家，一旦其成为《公约》缔约方，将成为本协议第一章所定义的辖区；

　　各辖区的法律已要求或应要求金融机构按照本协议第二章规定的自动信息交换范围以及统一报告标准规定的信息报送和尽职调查程序，报送有关特定账户的信息并执行相应的尽职调查程序；

　　各辖区将不时修订其法律以便及时反映统一报告标准的最新情况，修订后的法律一旦生效，统一报告标准的定义将适用该辖区的最新情况；

　　《公约》第三章授权开展税收信息交换，包括自动信息交换，并允许各辖区主管当局协商确定自动信息交换的范围和形式；

---

① 中华人民共和国国家税务总局 . 金融账户涉税信息自动交换多边主管当局间协议（中译本）[EB/OL]. (2018-05-18)[2019-03-12]. http://www.chinatax.gov.cn/n810341/n810770/c262020 45/content.html.

《公约》第六条规定两个或多个缔约方可以相互协商一致开展自动信息交换，信息交换将以主管当局之间的双边交换为基础；

各辖区已经或将在第一次信息交换发生时（1）采取合理的保护措施确保根据本协议交换信息的保密性并仅用于《公约》规定的目的，以及（2）具备相应的机制以保护有效的信息交换（包括建立及时、准确并保密的信息交换流程；有效并可靠的沟通机制；快速解决有关信息交换或信息请求的问题及疑虑的能力；以及管理本协议第四章条款内容的能力）；

各辖区的主管当局有意愿在《公约》规定的自动信息交换基础上共同达成协议以提高国际税收遵从度，且不影响各自国内立法程序（如有），尊重欧盟法律（如适用），并遵守《公约》中的保密条款及其他保护条款，包括下文提到的、针对所交换信息使用范围的限制条款；

为此，各主管当局现达成协议如下：

第一章 定 义

一、本协议中所含术语的含义如下：

（一）术语"辖区"指签署本协议的某个国家或者地区，在其领土范围内，按照《公约》第二十八条的规定，《公约》已签署并批准生效，或是按照第二十九条的规定，通过领土延伸使《公约》对其生效；

（二）术语"主管当局"指各辖区在《公约》附件二中所列的个人和主管当局；

（三）术语"辖区内的金融机构"指各辖区内：（1）具有居民身份的金融机构，但不包括该金融机构位于该辖区之外的分支机构，（2）非居民金融机构位于该辖区境内的分支机构；

（四）术语"报送信息的金融机构"指除无需报送信息的金融机构之外的其他金融机构；

（五）术语"需报送的账户"指由报送信息的金融机构保有的，并根据统一报告标准中的尽职调查程序被确定为由辖区外一个或多个需报送人持有的金融账户，以及由报送信息的金融机构保有的，并由控制人是辖区外需报送人的消极非金融机构持有的金融账户；

（六）术语"统一报告标准"指经合组织与二十国集团成员国共同制订的金融账户涉税信息自动交换标准（含注释）；

（七）术语"协调机构秘书处"指经合组织秘书处，依照《公约》第二十四条第三款的规定，为由《公约》缔约方主管当局代表组成的协调机构提供支持；

（八）术语"协议生效"指在涉及任何两个主管当局时，双方均表示愿意开展自动信息交换，且均已符合第七章第二款第（一）项中所列条件。本协议已生效的主管当局名单见附件五。

二、本协议中没有另行定义的大写字母术语，其含义将与本辖区适用于本协议的法律中的含义保持一致，也与统一报告标准规定的含义一致。本协议以及统一报告标准中均未另行定义的术语，除非上下文另有要求或主管当局一致同意采用其他通用含义（由国内法所允许），应当使用本辖区在实施本协议时的国内法项下的含义。本辖区税收法律下界定的术语含义，优先于本辖区其他法律中的定义。

第二章　需报送账户的信息交换

一、（一）根据《公约》第六条和第二十二条的规定，以及统一报告标准适用的信息报送和尽职调查的要求，一旦本协议生效，每个主管当局将与其他主管当局依规定获取并按年自动交换第二款所列信息。

（二）尽管有前款规定，附件一所列辖区主管当局只能向其他辖区主管当局提供但不能接收第二款所列信息。附件一中没有列出的辖区主管当局可以接收第二款所列信息。各主管当局将不向附件一所列辖区主管当局提供上述信息。

二、对于需报送的其他辖区账户，需交换的信息包括：

（一）作为账户持有人的各个需报送人的名称、地址、纳税人识别号、出生日期及出生地（如果是个人）；对于机构，在适用统一报告标准的尽职调查程序后，被认定为存在一个或多个控制人是需报送人，提供该机构的名称、地址、纳税人识别号以及需申报人的名称、地址、纳税人识别号、出生日期及出生地；

（二）账号（没有账号的前提下，提供具有同等功能的其他信息）；

（三）报送信息的金融机构的名称及识别编号（如有）；

（四）在相关日历年度年末、其他适当的报送期间期末的账户余额或净值（包括具有现金价值的保险合同或年金合同的现金价值或退保价值）或销户状态（针对在该年度或期间内销户的账户）；

（五）对于托管账户：

1.在日历年度或其他适当的报送期间内，已付至或记入该账户（及其相关账户）的利息的总金额、股息的总金额及该账户下资产产生的其他收入的总金额；

2.在报送信息的金融机构作为账户持有人的托管人、经纪人、名义持有人或代理人的情形下，提供日历年度或其他适当的报送期间内，因出售或赎回金融资产并已付至或记入该账户的收益总金额；

（六）对于存款账户，在日历年度或其他适当的报送期间内，已付至或记入该账户的利息的总金额；

（七）对于不属于第二款第五项或第六项的其他账户，在日历年度或其他适当的报送期间内，报送信息的金融机构作为债务人，提供已付至或记入账户持有人账户的总金额，包括在该日历年度或其他适当的报送期间付至账户持有人的赎回款项的总金额。

第三章　信息交换的时间和方式

一、为第二章规定的信息交换目的，可以根据信息交换辖区的税收法律原则，确定需报送的账户的付款金额和性质。

二、为第二章规定的信息交换目的，所交换的信息应当指明各相关金额的计价币种。

三、根据第二章第二款以及第七章中有关通知流程和具体日期的规定，从附件六中规定的年度开始，信息应当在该信息相关的日历年度终了后的九个月内进行交换。虽有前述规定，当本协议对双方主管当局均已生效，且双方辖区现行法律规定的日历年度内的信息报送要求与第二章规定的交换范围以及统一报告标准规定的信息报送和尽职调查程序一致时，才进行一个日历年度的信息交换。

四、略

五、各主管当局应基于可以扩展标记语言的统一报告标准数据模式，自动交换第二章规定的信息。

六、各主管当局应制订并一致同意一种或多种数据传输方法，包括加密标准，使得标准程度最大化和复杂程度及成本最小化，详见附件二。

第四章　合规与执行的合作

签署一方的主管当局应在其有理由相信错误可能已导致信息报送的不正确或不完整时，或报送信息的金融机构存在违反其适用的、统一报告标准规定的信息报告要求和尽职调查程序的情形时，通知另一方主管当局。接到通知的另一方主管当局应采取国内法规定的全部适当措施，对通知中所述的错误和重大不合规行为作出处理。

第五章　保密与数据保护

一、交换的全部信息应按照《公约》的规定（包括限制已交换信息用途的条款）得到保密和其他保护，并按照信息提供方主管当局根据本国法律所要求的以及附件三列出的保护措施，确保个人数据得到必要的保护。

二、签署一方的主管当局应立即通知协调机构秘书处任何有关违反保密条款或保护失败的情形，以及随后可能采取的相应制裁和赔偿行为。协调机构秘书处应通知本协议与前述主管当局已生效的所有主管当局。

第六章　协商与修订

一、如果本协议在实施或解释过程中遇到困难，签署一方的主管当局可以请求与一个或多个主管当局协商，以制订适当的措施，确保本协议的履行。提出协商请求的主管当局应确保协调机构秘书处知晓已制订的任何措施，并由协调机构秘书处将已制订的措施通知所有主管当局，包括未参与协商的主管当局。

二、所有主管当局可以通过书面协商一致的方式对本协议进行修订。除非另有约定，修订后的条款应当自书面协议最后签字方签署之日起一个月后的次月第一天起生效。

第七章　本协议的期限

一、签署一方的主管当局须在签署本协议时或在本辖区为实施统一报告标准出台必要的法律后，尽快通知协调机构秘书处：

（一）本辖区已存在必要的法律以实施统一报告标准，并说明区分已有账户和新开账户的有效日期，以及适用的或完成的信息报送和尽职调查程序；

（二）确认本辖区是否列入附件一；

（三）规定一种或多种数据传输方法，包括加密方法（附件二）；

（四）规定对个人数据的保护措施（如有）（附件三）

（五）已具备足够的措施，确保符合保密和数据保护标准要求，并在附件四中附上已完成的保密和数据保护调查问卷；以及

（六）国内法律程序（如有）完成后，有意愿与之执行本协议的所有辖区主管当局名单。

各主管当局须立即通知协调机构秘书处上述附件的后续变动情况。

二、（一）本协议应于以下日期中的较晚日起在两个主管当局间生效：1. 两个主管当局中的后一个主管当局通知协调机构秘书处第一款所列信息的日期，包括根据第一款第（六）项规定列出的另一个主管当局所在辖区；以及，如适用的情况下，2.《公约》对两个辖区生效的日期。

（二）协调机构秘书处应保存已签署本协议的主管当局名单以及本协议已相互生效的主管当局名单，并在经合组织网站上公布（附件五）。

（三）协调机构秘书处应在经合组织网站上公布各主管当局按照第一款第（一）项和第（二）项规定提供的信息。签署方向协调机构秘书处提出书面申请获取其他签署方按照第一款第（三）项和第（五）项规定提供的信息。

三、签署一方的主管当局应在其确认另一方主管当局存在违反本协议的重大情形时，书面通知另一方主管当局暂停本协议下的信息交换。此类暂停立即生效。本款中的重大不合规行为包括但不限于违反本协议和《公约》的保密及数据保护条款，主管当局未能及时或充分提供本协议要求的信息，或

者因对机构身份或无需报送的金融机构账户的定义导致实施统一报告标准受阻。

四、签署一方的主管当局可以书面通知协调机构秘书处终止参加本协议，或终止针对某一特定主管当局的协议。此类终止将于发出终止通知之日起十二个月后的次月第一天生效。在终止的情况下，之前根据本协议接收的所有信息将继续保密并遵守《公约》条款的规定。

第八章　协调机构秘书处

一、除本协议另有规定外，协调机构秘书处应通知所有主管当局其收到的本协议下的任何通知，并通知本协议的所有签署方新签署本协议的主管当局。

二、本协议的所有签署方应平等分摊并按年缴纳协调机构秘书处为管理本协议所产生的费用。尽管有前述规定，对符合《〈公约〉协调机构程序规则》第十条规定的国家，可以免除费用分摊。

本协议用英文和法文写成，两种文本同等作准。

附件一　采取非互惠型模式的辖区名单

附件二　传输方法

附件三　采用的数据安全保护方式

附件四　保密问卷

附件五　本协议已生效的主管当局名单

附件六　计划交换信息的日期

附录 3：《中华人民共和国刑事诉讼法》（2012）英文版中情态动词 should 的使用情况①

序号	条款	中文	英文译文	页码
1 ~ 2	16	对于外国人犯罪应当追究刑事责任的，适用本法的规定。对于享有外交特权和豁免权的外国人犯罪应当追究刑事责任的，通过外交途径解决。	Provisions of this Law shall apply to foreigners who commit crimes for which criminal responsibility **should** be investigated. If foreigners with diplomatic privileges and immunities commit crimes for which criminal responsibility **should** be investigated, those cases shall be resolved through diplomatic channels.	229
3	35	辩护人的责任是根据事实和法律，提出犯罪嫌疑人、被告人无罪、罪轻或者减轻、△免除其刑事责任的材料和意见，维护犯罪嫌疑人、被告人的诉讼权利和其他合法权益。	The responsibility of a defender is to, based on the facts and laws, put forward materials and opinions showing that a criminal suspect or defendant is innocent, or has committed a lighter crime, or **should** be exempted from or bear mitigated criminal liability, and protect the procedural rights and other legitimate rights of a criminal suspect or defendant.	235
4	40	辩护人收集的有关犯罪嫌疑人不在犯罪现场、未达到刑事责任年龄、属于依法不负刑事责任的精神病人的证据，应当及时告知公安机关、人民检察院。	If a defender has a criminal suspect's alibi, or evidence proving that the criminal suspect is under the age eligible to bear criminal liability or is a mental patient who **should** not bear any criminal liability in accordance with the law, the defender shall inform the public security organ and people's procuratorate in time.	237

① 附录 3 中的英文译文摘自：国务院法制办公室，2015. 中华人民共和国国英文法规大系（法律编 刑法、程序法卷）[Z]. 北京：中国法治出版社. 《中华人民共和国英文法规大系（法律编 刑法、程序法卷）》中法律版本为《刑法》（1997）、《刑事诉讼法》（2012）。附录 3 中标注星号的条款，笔者认为译文中的 should 宜改为 shall；标注△符号之处，笔者认为原文该处缺省了表示条件的"应该"一词，这些条款和附录 3 中其他条款一样，其英文版本中均使用了情态动词 should。

续表

序号	条款	中文	英文译文	页码
5	54	……在侦查、审查起诉、审判时发现有应当排除的证据的，应当依法予以排除，不得作为起诉意见、起诉决定和判决的依据。	…Evidence that **should** be excluded as is discovered during investigation, examination before prosecution or during trial, shall be excluded in accordance with the law, and shall not be used as the basis of opinion on prosecution or decision on prosecution, nor as the basis for a court decision.	243
6	77	……在取保候审、监视居住期间，不得中断对案件的侦查、起诉和审理。对于发现不应当追究刑事责任或者取保候审、监视居住期限届满的，应当及时解除取保候审、监视居住。解除取保候审、监视居住，应当及时通知被取保候审、监视居住人和有关单位。	…During the period when the criminal suspect or defendant is released on bail or when he is under house surveillance, investigation, prosecution and handling of the case shall not be suspended. If it is discovered that the criminal suspect or the defendant **should** not be investigated for criminal responsibility or when the period for release on bail or the period of house surveillance has expired, such period shall be terminated without delay. The person who is released on bail or who is under house surveillance and the units concerned shall be notified of the termination immediately.	251
7	84	公安机关对被拘留的人，应当在拘留后的二十四小时以内进行讯问。在发现不应当拘留的时候，必须立即释放，发给释放证明。	A public security organ shall interrogate a person held in custody within 24 hours after the detention. Once it is discovered that custody **should** not have been imposed, the public security organ shall immediately release the said person, and issue a release certificate.	255
8	92	人民法院、人民检察院对于各自决定逮捕的人，公安机关对经人民检察院批准逮捕的人，都必须在逮捕后的二十四小时以内进行讯问。在发现不应当逮捕的时候，必须立即释放，发给释放证明。	Interrogation must be conducted within 24 hours after the arrest, by a people's court or people's procuratorate with respect to a person it has decided to arrest, and by a public security organ with respect to a person it has arrested with the approval of the people's procuratorate. If it is found that the person **should** not have been arrested, he must be immediately released and issued a release certificate.	257

续表

序号	条款	中文	英文译文	页码
9	104	当事人由于不能抗拒的原因或者有其他正当理由而耽误期限的，在障碍消除后五日以内，可以申请继续进行应当在期满以前完成的诉讼活动。	When a party cannot meet a deadline due to irresistible causes or for other legitimate reasons, he may, within five days after the obstacle is removed, apply to continue the proceedings that **should** have been completed before the expiration of the time period.	261
10	110	人民法院、人民检察院或者公安机关对于报案、控告、举报和自首的材料，应当按照管辖范围，迅速进行审查，认为有犯罪事实需要追究刑事责任的时候，应当立案……	A people's court, people's procuratorate or public security organ shall, within the scope of its jurisdiction, promptly examine the materials provided by a reporter, complainant or informant and the confession of an offender who has voluntarily surrendered. If it believes that there are facts of a crime and criminal responsibility **should** be investigated, it shall file a case …	265
11 ~ 12	111	人民检察院认为公安机关对应当立案侦查的案件而不立案侦查的，或者被害人认为公安机关对应当立案侦查的案件而不立案侦查，向人民检察院提出的，人民检察院应当要求公安机关说明不立案的理由……	Where a people's procuratorate considers that a case **should** be filed for investigation by a public security organ but the latter has not done so, or where a victim considers that a case **should** be filed for investigation by a public security organ but the latter has not done so and the victim has brought the matter to a people's procuratorate, the people's procuratorate shall request the public security organ to state the reasons for not filing the case …	265
13	115	当事人和辩护人、诉讼代理人、利害关系人对于司法机关及其工作人员有下列行为之一的，有权向该机关申诉或者控告： （一）…… （二）应当退还取保候审保证金不退还的； ……	The party concerned, his defender, the agent ad litem or an interested party is entitled to file a petition or complaint to a judicial organ if the judicial organ or its staff members engage in any of the following acts: (1) … (2) Failing to return the bond for bail that **should** be returned; …	267

续表

序号	条款	中文	英文译文	页码
14	153	应当逮捕的犯罪嫌疑人如果在逃，公安机关可以发布通缉令，采取有效措施，追捕归案。……	If a criminal suspect who **should** be arrested is a fugitive, a public security organ may issue a wanted order and take effective measures to pursue him for arrest and bring him to justice.	277
15	160*	公安机关侦查终结的案件，应当做到犯罪事实清楚，证据确实、充分，并且写出起诉意见书，连同案卷材料、证据一并移送同级人民检察院审查决定；同时将案件移送情况告知犯罪嫌疑人及其辩护律师。	After a public security organ has concluded its investigation of a case, the facts **should** be clear and the evidence reliable and sufficient and, in addition, it shall make a written recommendation for prosecution which shall be transferred, together with the case file and evidence, to the people's procuratorate at the same level for examination and decision. Meanwhile, the criminal suspect and his defense lawyer shall be notified of such transfer. …	281
16	161	在侦查过程中，发现不应对犯罪嫌疑人追究刑事责任的，应当撤销案件；犯罪嫌疑人已被逮捕的，应当立即释放，发给释放证明，并且通知原批准逮捕的人民检察院。	If it is discovered during investigation that a criminal suspect **should** not have been investigated for criminal responsibility, the case shall be dismissed; if the criminal suspect is under arrest, he shall be released immediately and issued a release certificate, and the people's procuratorate which originally approved the arrest shall be notified.	281
17	164	人民检察院对直接受理的案件中被拘留的人，应当在拘留后的二十四小时以内进行讯问。在发现不应当拘留的时候，必须立即释放，发给释放证明。	A detainee involved in a case which is directly accepted by a people's procuratorate shall be interrogated within 24 hours after the detention. If it is found that the person **should** not have been detained, he must be released immediately and issued a release certificate.	281
18 ~ 19	168	人民检察院审查案件的时候，必须查明： …… （二）有无遗漏罪行和其他应当追究刑事责任的人； （三）是否属于不应追究刑事责任的； ……	In examining a case, a people's procuratorate shall ascertain: … (2) whether there are any crimes that have been omitted or other persons whose criminal responsibility **should** be investigated; (3) whether it is a case in which criminal responsibility **should** not be investigated; …	283

续表

序号	条款	中文	英文译文	页码
20	172	人民检察院认为犯罪嫌疑人的犯罪事实已经查清，证据确实、充分，依法**应当**追究刑事责任的，应当作出起诉决定，按照审判管辖的规定，向人民法院提起公诉，并将案卷材料、证据移送人民法院。	When a people's procuratorate considers that the facts of a criminal suspect's crime have been ascertained, that the evidence is reliable and sufficient and that criminal responsibility **should** be investigated according to the law, it shall make a decision to initiate a prosecution, and shall initiate a public prosecution in a people's court in accordance with the provisions for trial jurisdiction, and transfer the case file and evidence to the people's court.	285
21	203*	人民检察院发现人民法院审理案件违反法律规定的诉讼程序，有权向人民法院提出纠正意见。	If a people's procuratorate discovers that in handling a case a people's court has violated the litigation procedure prescribed by law, it shall have the power to suggest to the people's court that it **should** set it right.	297
22	204	自诉案件包括下列案件： （一）告诉才处理的案件； （二）被害人有证据证明的轻微刑事案件； （三）被害人有证据证明对被告人侵犯自己人身、财产权利的行为**应当**依法追究刑事责任，而公安机关或者人民检察院不予追究被告人刑事责任的案件。	Cases of private prosecution include the following: (1) cases to be handled only upon complaint; (2) cases for which the victims have evidence to prove that those are minor criminal cases; and (3) cases for which the victims have evidence to prove that the defendants **should** be investigated for criminal responsibility according to the law because their acts have infringed upon the victims' personal or property rights, whereas, the public security organs or the people's procuratorates do not investigate the criminal responsibility of the accused.	297
23	223	第二审人民法院对于下列案件，应当组成合议庭，开庭审理： …… （四）其他**应当**开庭审理的案件。	A people's court of second instance shall form a collegial panel and hold a court session to hear the following cases: ... (4) other cases which **should** be heard by the people's court in a court session.	303

续表

序号	条款	中文	英文译文	页码
24	242	当事人及其法定代理人、近亲属的申诉符合下列情形之一的，人民法院应当重新审判： …… （二）据以定罪量刑的证据不确实、不充分，依法应当予以排除，或者证明案件事实的主要证据之间存在矛盾的； ……	If a petition presented by a party or his legal representative or near relative meets any of the following conditions, the people's court shall retry the case: ... (2) The evidence based on which the conviction was made and punishment meted out is unreliable or insufficient, or **should** be excluded according to the law, or there are contradictions among the material evidence supporting the facts of the case; ...	309、311
25	246	人民法院决定公再再审的案件，需要对被告人采取强制措施的，由人民法院依法决定；人民检察院提出抗诉的再审案件，需要对被告人采取强制措施的，由人民法院依法决定。	Where a people's court decides a case **should** be retried, if a coercive measure need be applied to the defendant, the people's court shall make a decision thereupon; where a case is to be retried upon protest by the people's procuratorate, if a coercive measure need be applied to the defendant, such a decision shall be made by the people's procuratorate.	311、313
26 ～ 27	250	最高人民法院判处和核准的死刑立即执行的判决，应当由最高人民法院院长签发执行死刑的命令。 被判处死刑缓期二年执行的罪犯，在死刑缓期执行期间，如果没有故意犯罪，死刑缓期执行期满，应当予以减刑，死刑执行机关提出书面意见，报请高级人民法院裁定；如果故意犯罪，查证属实，应当执行死刑，由高级人民法院报请最高人民法院核准。	When a judgment of the death penalty with immediate execution is pronounced or approved by the Supreme People's Court, the President of the Supreme People's Court shall sign and issue an order to execute the death sentence. If a criminal sentenced to death with a two-year suspension of execution commits no intentional offense during the period of suspension of the sentence and his punishment **should** therefore be commuted on expiration of such period, the executing organ shall submit a written recommendation to a higher people's court for an order; if there is verified evidence that the criminal has committed intentional offense and his death sentence **should** therefore be executed, the higher people's court shall submit the matter to the Supreme People's Court for examination and approval.	313

续表

序号	条款	中文	英文译文	页码
28	257	……对于人民法院决定暂予监外执行的罪犯应当予以收监的，由人民法院作出决定，将有关的法律文书送交公安机关，监狱或者其他执行机关。……	… If a criminal permitted to temporarily serve his sentence outside prison upon a decision made by the people's court **should** thereafter be taken back in prison, the people's court shall make a decision thereupon and send the relevant legal documents to the public security organ, the prison and other executing organ.	319
29	262	……被判处管制、拘役、有期徒刑或者无期徒刑的罪犯，在执行期间确有悔改或者立功表现，依法应当予以减刑、假释的时候，由执行机关提出建议书，报请人民法院审核裁定，并将建议书副本抄送人民检察院。人民检察院可以向人民法院提出书面意见。……	If a criminal sentenced to public surveillance, criminal detention, fixed-term imprisonment or life imprisonment shows true repentance or renders meritorious service while serving his sentence and **should** therefore be granted a commutation of sentence or be released on parole according to the law, the executing organ shall submit a written recommendation to the people's court for examination and decision, and shall also send a copy of the recommendation to the people's procuratorate. The people's procuratorate may put forward its opinions in writing to the people's court.	321
30	280	对于贪污贿赂犯罪、恐怖活动犯罪等重大犯罪案件，犯罪嫌疑人、被告人逃匿，在通缉一年后不能到案，或者犯罪嫌疑人、被告人死亡，依照刑法规定应当追缴其违法所得及其他涉案财产的，人民检察院可以向人民法院提出没收违法所得的申请。	For a grave crime such as embezzlement or bribery or a crime of terrorism, if the criminal suspect or defendant escapes or hides and cannot be brought to justice one year after he is wanted for arrest, or he is dead, and the illegal gains and other property involved in the said case **should** be recovered in accordance with the provisions of the Criminal Law, the people's procuratorate may apply to the people's court to confiscate the illegal gains.	327

附录4：《中华人民共和国刑事诉讼法》（2012）中"予以"一词的使用和翻译①

第一类：表示已做出某种行为

序号	条款	中文	英文	页码
1	115	当事人和辩护人、诉讼代理人、利害关系人对于司法机关及其工作人员有下列行为之一的，有权向该机关申诉或者控告：（一）采取强制措施法定期限届满，不予以释放、解除或者变更的；……	The party concerned, his defender, the agent ad litem or an interested party is entitled to file a petition or complaint to a judicial organ or its staff members engage in any of the following acts: (1) Failing to grant a release, or failing to terminate, or alter a coercive measure upon expiry of the statutory time limit; …	267

第二类：表示可以请求或要求

序号	条款	中文	英文	页码
1	46	辩护律师对在执业活动中知悉的委托人的有关情况和信息，有权予以保密……	A defense lawyer **is entitled to** confidentiality as regard the situation and information of his client that he comes to know of in practice …	239
2	56	……当事人及其辩护人、诉讼代理人有权申请人民法院以非法方法收集的证据依法予以排除。申请排除以非法方法收集的证据的，应当提供相关线索或者材料。	… A party and his defender as well as agent ad litem **is entitled to** apply to a people's court for excluding illegally collected evidence in accordance with the law. Whoever applies for exclusion of illegally collected evidence shall provide relevant clues of material.	243

---

① 附录4中的英文译文摘自：国务院法制办公室，2015. 中华人民共和国英文法规大系（法律编 刑法、程序法卷）[Z]. 北京：中国法治出版社.《中华人民共和国英文法规大系（法律编 刑法、程序法卷）》中法律版本为《刑法》（1997）、《刑事诉讼法》（2012）。

第三类：表示条件

序号	条款	中文	英文	页码
1	69	……对违反取保候审规定，**需要予以逮捕的**，可以对犯罪嫌疑人、被告人先行拘留。	… In case that a criminal suspect or defendant violates the provisions on release on bail, and an arrest is necessary, he may be held in custody in advance.	249
2	75	……被监视居住的犯罪嫌疑人、被告人违反前款规定，情节严重的，可以予以逮捕；**需要予以逮捕的**，可以对犯罪嫌疑人、被告人先行拘留。	… Where a criminal suspect or defendant placed under house surveillance violates the provisions in the preceding paragraph and the circumstances are serious, he may be arrested, and if an arrest is necessary, he may be held in custody in advance.	251
3	242	当事人及其法定代理人、近亲属的申诉符合下列情形之一的，人民法院应当重新审判：……（三）据以定罪量刑的证据不确实、不充分，依法**应当予以排除**，或者证明案件事实的主要证据之间存在矛盾的；……	… If a petition presented by a party or his legal representative or near relative meets any of the following conditions, the people's court shall retry the case: … (2) The evidence based on which the conviction was made and punishment meted out is unreliable or insufficient, or **should** be excluded according to the law, or there are contradictions among the material evidence supporting the facts of the case;	311
4	250	……被判处死刑缓期二年执行的罪犯，在死刑缓期执行期间，如果没有故意犯罪，死刑缓期执行期满，**应当予以减刑**，由执行机关提出书面意见，报请高级人民法院裁定……	… If a criminal sentenced to death with a two-year suspension of execution commits no intentional offense during the period of suspension of the sentence and his punishment **should** therefore be commuted on expiration of such period, the executing organ shall submit a written recommendation to a higher people's court for an order …	313

续表

序号	条款	中文	英文	页码
5	257	……对于人民法院决定暂予监外执行的罪犯**应当予以收监的**，由人民法院作出决定，监狱或者有关的法律执行文书送达公安机关、其他执行机关。……	If a criminal permitted to temporarily serve his sentence outside prison **should** thereafter be taken back in prison, the people's court shall make a decision thereupon and send the relevant legal documents to the public security organ and other executing organ.	319
6	262	……被判处管制、拘役、有期徒刑或者无期徒刑的罪犯，在执行期间确有悔改或者立功表现，**应当依法予以减刑、假释的时候**，由执行机关提出建议书，报请人民法院审核裁定，并将建议书副本抄送人民检察院……	…If a criminal sentenced to public surveillance, criminal detention, fixed-term imprisonment or life imprisonment shows true repentance or renders meritorious service while serving his sentence and **should** therefore be granted a commutation of sentence or be released on parole according to the law, the executing organ shall submit a written recommendation to the people's court for examination and decision, and shall also send a copy of the recommendation to the people's procuratorate …	321

第四类：表示权利和选择

序号	条款	中文	英文	页码
1	62	……证人、鉴定人、被害人认为因在诉讼中作证本人或者其近亲属的人身安全面临危险的，**可以**向人民法院、人民检察院、公安机关请求予以保护。……	…A witness, expert witness or victim who is of the opinion that his personal safety or the personal safety of his near relatives is in danger due to his testimony in lawsuits **may** apply for protection with a people's court, people's procuratorate or public security organ. …	245

续表

序号	条款	中文	英文	页码
2	75	……被监视居住的犯罪嫌疑人、被告人违反前款规定，情节严重的，**可以予以逮捕**；需要予以逮捕的，可以对犯罪嫌疑人、被告人先行拘留。	……Where a criminal suspect or defendant placed under house surveillance violates the provisions in the preceding paragraph and the circumstances are serious, he **may** be arrested, and if an arrest is necessary, he may be held in custody in advance.	251
3	79	……被取保候审、监视居住的犯罪嫌疑人、被告人违反取保候审、监视居住规定，情节严重的，**可以予以逮捕**。	……A criminal suspect or defendant who is released on bail or placed under house surveillance **may** be arrested if he violates the provisions on release on bail or house surveillance and the circumstances are serious.	253
4	239	最高人民法院复核死刑案件，应当作出核准或者不核准死刑的裁定。对于不核准死刑的，最高人民法院**可以发**回重新审判或者**予以改判**。	After the Supreme People's Court has reviewed a case of death sentence, it shall issue an order approving or disapproving the death sentence. If the Supreme People's Court disapproves the death sentence, it **may** remand the case for new trial or revise the judgment thereof.	309
5	284	实施暴力行为，危害公共安全或者严重危害公民人身安全，经法定程序鉴定依法不负刑事责任的精神病人，有继续危害社会可能的，**可以予以**强制医疗。	Where a mental patient engages in violence, thereby jeopardizing public security or seriously endangering citizens' personal safety, if he does not bear criminal liability upon examination through statutory procedure but may continue to do harm to society, compulsory medical treatment **may** be imposed on him.	331

第五类：表示规定

序号	条款	中文	英文	页码
1	47	……人民检察院对申诉或者控告**应当**及时进行审查，情况属实的，通知有关机关**予以纠正**。	…The people's procuratorate concerned shall make an investigation upon such a complaint or accusation, and if the situation is true, the people's procuratorate **shall** notify the relevant organs to make rectification.	239

续表

序号	条款	中文	英文	页码
2	54	采用刑讯逼供等非法方法收集的犯罪嫌疑人、被告人供述和采用暴力、威胁等非法方法收集的证人证言、被害人陈述,**应当予以排除**……	A confession made by a criminal suspect or defendant which is obtained by means of torture, or a witness's testimony or victim's statement obtained by violence, threat or other unlawful means **shall** be excluded...	241
3 ~ 5	54	……收集物证、书证不符合法定程序,可能严重影响司法公正的,**应当予以**补正或者作出合理解释;不能补正或者作出合理解释的,对该证据应当予**以排除**。在侦查、审查起诉、审判时发现有应当排除的证据的,**应当依法予以排除**,不得作为起诉决定和判决的依据。	... Physical evidence or documentary evidence that is obtained in violation of the law and may seriously affect justice **shall** be supplemented, corrected or given an explanation of justification; where a supplementation, correction or an explanation of justification fails, the aforesaid evidence **shall** be excluded. Evidence that should be excluded as is discovered during investigation, examination before prosecution or during trial, **shall** be excluded in accordance with the law, and shall not be used as the basis of opinion on prosecution or decision on prosecution, nor as the basis for a court decision.	241、243
6	58	对于经过法庭审理,确认或者不能排除在本法第五十四条规定的以非法方法收集证据情形的,对有关证据**应当予以排除**。	Evidence **shall** be excluded if court investigation confirms or is unable to rule out that there have been circumstances of collecting evidence by illegal means as prescribed in Article 54 of this Law.	243
7 ~ 8	79	对有证据证明有犯罪事实,可能判处徒刑以上刑罚的犯罪嫌疑人、被告人,采取取保候审尚不足以防止发生下列社会危险性的,**应当予以逮捕**:……	Where there is evidence to support the facts of a crime and the criminal suspect or defendant involved is likely to be sentenced to a fixed-term imprisonment or severer punishments, and release of him on bail is insufficient to prevent the following dangers to the society, the said criminal suspect or defendant **shall** be arrested in accordance with the law: ...	243

续表

序号	条款	中文	英文	页码
7 ~ 8	79	对有证据证明有犯罪事实，可能判处十年有期徒刑以上刑罚的，或者有证据证明有犯罪事实，可能判处徒刑以上刑罚，曾经故意犯罪或者身份不明的，**应当予以逮捕**。……	Where there is evidence to support the facts of a crime and the criminal suspect or defendant involved is likely to be sentences to a fixed-term imprisonment of ten years or severer punishments, or where there is evidence to support the facts of a crime and the criminal suspect or defendant is likely to e sentenced to a fixed -term imprisonment or severer punishments, and he has intentionally committed a prior crime or has an unknown identity, the said criminal suspect or defendant **shall** be arrested in accordance with the law.	253
9	81	公安机关在异地执行拘留、逮捕的时候，应当通知被拘留、逮捕人所在地的公安机关，被拘留、逮捕人所在地的公安机关**应当予以配合**。	When a public security organ is to detain or arrest a person in another place, it shall inform the public security organ in the place where the person to be detained or arrested stays, and the public security organ there **shall** cooperate in the action.	255
10	93	犯罪嫌疑人、被告人被逮捕后，人民检察院仍应当对羁押的必要性进行审查。对不需要继续羁押的，**应当建议予以释放**或者变更强制措施。有关机关应当在十日以内将处理情况通知人民检察院。	After a criminal suspect or defendant is arrested, the relevant people's procuratorate shall still examine the necessity for detention. Where the detention of the criminal suspect or defendant is no longer necessary, the people's procuratorate **shall** propose the release thereof or the change of coercive measures. Relevant organs shall notify the people's procuratorate of the handling of the case within 10 days.	259
11	96	犯罪嫌疑人、被告人被羁押的案件，不能在本法规定的侦查羁押、审查起诉、一审、二审期限内办结的，对犯罪嫌疑人、被告人**应当予以释放**……	For a case involving a criminal suspect or defendant under detention, if the handling of the case cannot be completed within the time limit for keeping the criminal suspect or defendant under custody for investigation, for conducting examination before prosecution, or for the proceedings of first or second instance as is stipulated by this Law, the criminal suspect or defendant **shall** be released …	259

续表

序号	条款	中文	英文	页码
12	97	人民法院、人民检察院或者公安机关对被采取强制措施法定期限届满的犯罪嫌疑人、被告人，**应当予以**解放，解除取保候审、监视居住或者依法变更强制措施……	A people's court, people's procuratorate, or public security organ **shall**, upon expiry of the statutory time limit for coercive measures imposed on a criminal suspect or defendant, release the criminal suspect or the defendant, lift such coercive measures as release on bail or house surveillance, or change the coercive measures in accordance with the law …	259
13	98	人民检察院在审查批准逮捕工作中，如果发现公安机关的侦查活动有违法情况，**应当**通知公安机关**予以**纠正，公安机关应当将纠正情况通知人民检察院。	If in the process of examining and approving arrests, a people's procuratorate discovers illegalities in the investigatory activities of a public security organ, it shall notify the public security organ to make corrections, and the public security organ **shall** notify the people's procuratorate of the corrections it has made.	259
14	114	公安机关经过侦查，对有证据证明有犯罪事实的案件，**应当**进行预审，对收集、调取的证据材料**予以**核实。	After investigation, the public security organ **shall** start preliminary inquiry into a case for which there is evidence that supports the facts of the crime, in order to verify the evidence which has been collected and obtained.	267
15	115	……人民检察院对申诉**应当**及时进行审查，情况属实的，通知有关机关**予以**纠正。	… The people's procuratorate shall examine the petition or complaint in a timely manner, and **shall** notify the relevant organ to make correction if the complained matter is found to be true.	267
16	143	对查封、扣押的财物、电报或者冻结的存款、汇款、股票、债券、基金份额等财产，经查明确实与案件无关的，**应当**在三日以内解除查封、扣押、冻结，**予以**退还。	The property, documents, mails or telegrams sealed up or seized or the frozen deposits, remittance, bonds, stocks or shares of funds **shall** be freed and returned within three days after they are found to be irrelevant to the case under investigation.	275
17	150	……公安机关依法采取技术侦查措施，有关单位和个人**应当**配合，并对有关情况**予以**保密。	… Relevant entities and individuals shall cooperate with public security organs in their adoption of technical investigation measures in accordance with the law, and **shall** keep confidential relevant information.	277

续表

序号	条款	中文	英文	页码
18 ~ 19	275	犯罪的时候不满十八周岁，被判处五年有期徒刑以下刑罚的，**应当**对相关犯罪记录**予以**封存。……依法进行查询的单位，**应当**对被封存的犯罪记录的情况**予以**保密。	If the criminal is under the age of 18 when he committed the crime and is sentenced to a punishment not heavier than fixed-term imprisonment of five years, the relevant criminal record **shall** be sealed. … The entities accessing such records according to the law **shall** keep confidential the information in relevant criminal records that are sealed up.	325、327
20	282	人民法院经审理，对经查证属于违法所得及其他涉案财产，除依法返还被害人的以外，**应当**裁定**予以**没收……	The people's court **shall**, after hearing the case, make an order to confiscate the property that is found to be illegal gains upon investigation or other property involved in the case upon investigation, except for the property that shall be returned to the victim in accordance with the law …	329
21	283	……没收犯罪嫌疑人、被告人财产确有错误的，**应当予以**返还、赔偿。	… If it is definitely erroneous to confiscate the property of the criminal suspect or defendant, such property **shall** be returned or compensation shall be made accordingly.	329
"应当" 省略				
1	63	证人因履行作证义务而支出的交通、住宿、就餐等费用，应当给予补助。证人作证的补助列入司法机关业务经费，[**应当**]由同级政府财政**予以**保障。……	A witness shall be entitled to allowance for his performance of the obligation of giving testimony in terms of transportation, accommodation and food expenses incurred thereby. The allowance granted to witnesses for giving testimony **shall** be included in the operational expenses of judicial organs and be guaranteed by the public finance of the people's governments at the same level. …	245

续表

序号	条款	中文	英文	页码
2	69	……被取保候审的犯罪嫌疑人、被告人违反前两款规定，已交纳保证金的，没收部分或者全部保证金，并且区别情形，[应当]责令犯罪嫌疑人、被告人具结悔过，重新交纳保证金、提出保证人，或者监视居住，予以逮捕。……	… Where a criminal suspect or defendant who has been released on bail violates the provisions of the preceding two paragraphs, part or all of the bail bond paid shall be forfeited, and depending on the specific circumstances, the criminal suspect or defendant **shall** be ordered to write a recognizance of repentance, pay bail bond again or provide a guarantor, or be placed under house surveillance or be arrested.	249
3	188	……证人没有正当理由拒绝出庭或者出庭后拒绝作证的，[应当]予以训诫，情节严重的，经院长批准，处以十日以下的拘留。……	… If a witness refuses to appear in court to testify without justifiable reasons or refuses to testify after he appears in court, he **shall** be reprimanded, if the circumstances are serious, he shall be punished with a detention of not more than 10 days upon the approval of the president of the people's court …	291

附录5：《中华人民共和国刑事诉讼法》（2012）中"有权"一词的使用和翻译①

序号	条款	中文	英文	页码
1	11	人民法院审判案件，除本法另有规定的以外，一律公开进行。被告人有权获得辩护，人民法院有义务保证被告人获得辩护。	Cases in the people's courts shall be heard in public, unless otherwise provided by this Law. A defendant **shall have the right to** defence, and the people's courts shall have the duty to guarantee his defence.	227
2	14	……诉讼参与人对于审判人员、检察人员和侦查人员侵犯公民诉讼权利和人身侮辱的行为，**有权**提出控告。	...Participants in proceedings **shall have the right to** file charges against judges, procurators and investigators whose acts infringe on their citizen's procedural rights or subject their persons to indignities.	229
3	25	几个同级人民法院都**有权**管辖的案件，由最初受理的人民法院审判。在必要的时候，可以移送主要犯罪地的人民法院审判。	When two or more people's courts at the same level have jurisdiction over a case, it shall be tried by the people's court that first accepted it. When necessary, the case may be transferred for trial to the people's court in the principal place where the crime was committed.	231
4	28	审判人员、检察人员、侦查人员，应当自行回避，当事人及其法定代理人也**有权**要求他们回避：……	In any of the following situations, a judge, procurator or investigator shall voluntarily withdraw, and the parties to the case and their legal representatives **shall have the right to** demand his withdrawal: ...	231

① 附录5中的英文译文摘自：国务院法制办公室，2015. 中华人民共和国英文法规大系（法律编 刑法、程序法卷）[Z]. 北京：中国法治出版社.《中华人民共和国英文法规大系（法律编 刑法、程序法卷）》中法律版本为《刑法》（1997）、《刑事诉讼法》（2012）。

续表

序号	条款	中文	英文	页码
5	29	……审判人员、检察人员、侦查人员违反前款规定的，应当依法追究法律责任。当事人及其法定代理人有权要求他们回避。	… Any judge, procurator or investigator who violates the provisions in the preceding paragraph shall be investigated for legal responsibility. The parties to the case and their legal representatives **shall have the right to** request him to withdraw.	233
6 ~ 10	33	犯罪嫌疑人自被侦查机关第一次讯问或者采取强制措施之日起，**有权**委托辩护人；在侦查期间，只能委托律师作为辩护人。被告人**有权**随时委托辩护人。侦查机关在第一次讯问犯罪嫌疑人或者对犯罪嫌疑人采取强制措施的时候，应当告知犯罪嫌疑人**有权**委托辩护人。人民检察院自收到移送审查起诉的案件材料之日起三日以内，应当告知犯罪嫌疑人**有权**委托辩护人。人民法院自受理案件之日起三日以内，应当告知被告人**有权**委托辩护人。犯罪嫌疑人、被告人在押期间要求委托辩护人的，人民法院、人民检察院和公安机关应当及时转达其要求。	A criminal suspect **is entitled to** a defender when he is interrogated for the first time or from the date when coercive measures are applied by an investigatory body; however, he can only engage a lawyer as his defense counsel during the investigatory period. A defendant **is entitled to** a defender at any time. An investigatory body shall, at the first time when a criminal suspect is interrogated or applied coercive measures, inform the latter that he **is entitled to** a defender. A people's procuratorate shall, within three days from the date of receiving the file record of a case transferred for examination before prosecution, inform the criminal suspect that he **has the right to** engage a defender. A people's court shall, within three days from the date of accepting a case, inform the defendant that he **is entitled to** a defender. Where a criminal suspect or a defendant request to engage a defender during the period of detention, the people's court, the people's procuratorate or the public security organ shall deliver his request in a timely manner.	233、235
11	39	辩护人认为在侦查、审查起诉期间公安机关、人民检察院收集的犯罪嫌疑人、被告人无罪或者罪轻的证据材料未提交的，**有权**申请人民检察院、人民法院调取。	If a defender holds that the public security organ or people's procuratorate fails to submit the evidence collected during the periods of investigation and examination for prosecution which can prove the criminal suspect's or defendant's innocence or the crime committed is lighter than the one charged, the defender **shall have the right to** apply to the people's procuratorate or people's court for access to such evidence.	237

续表

序号	条款	中文	英文	页码
12 ~ 15	44	公诉案件的被害人及其法定代理人或者近亲属，附带民事诉讼的当事人及其法定代理人，自案件移送审查起诉之日起**有权**委托诉讼代理人。自诉案件的自诉人及其法定代理人，附带民事诉讼的当事人及其法定代理人，**有权**随时委托诉讼代理人。 人民检察院自收到移送审查起诉的案件材料之日起三日以内，应当告知被害人及其法定代理人或者其近亲属，附带民事诉讼的当事人及其法定代理人**有权**委托诉讼代理人。人民法院自受理自诉案件之日起三日以内，应当告知自诉人及其法定代理人，附带民事诉讼的当事人及其法定代理人**有权**委托诉讼代理人。	A victim in a case of public prosecution, his legal representatives or near relatives, and a party in an incidental civil action and his legal representatives **shall**, from the date on which the case is transferred for examination before prosecution, **have the right to** entrust agents ad litem. A private prosecutor in a case of private prosecution and his legal representatives, and a party in an incidental civil action and his legal representatives **shall have the right to** entrust agents ad litem at any time. The people's procuratorate shall, within three days from the date of receiving the file record of a case transferred for examination before prosecution, notify the victim and his legal representatives or near relatives and the party in an incidental civil action and his legal representatives that **they have the right to** entrust agents ad litem. The people's court shall, within three days from the date of accepting a case of private prosecution, notify the private prosecutor and his legal representatives and the party in an incidental civil action and his legal representatives that they **have the right to** entrust agents ad litem.	239
16	46	辩护律师对在执业活动中知悉的委托人的有关情况和信息，**有权**予以保密……	A defense lawyer **is entitled to** confidentiality as regards the situation and information of his client that he comes to know of in practice …	239
17	47	辩护人、诉讼代理人认为公安机关、人民检察院、人民法院及其工作人员阻碍其依法行使诉讼权利的，**有权**向同级或者上一级人民检察院申诉或者控告……	If a defender or agent ad litem holds that a public security organ, people's procuratorate or people's court, or any of its staff members obstructs the exercise of his procedural rights in accordance with the law, he **is entitled to** lodge a complaint or bring an accusation with the people's procuratorate at the same or the next higher level …	239

续表

序号	条款	中文	英文	页码
18	52	人民法院、人民检察院和公安机关**有权**向有关单位和个人收集、调取证据。有关单位和个人应当如实提供证据。 ……	The people's courts, the people's procuratorates and the public security organs **shall have the authority to** collect or obtain evidence from the units and individuals concerned. The units and individuals concerned shall provide truthful evidence. …	241
19	56	…… 当事人及其辩护人、诉讼代理人**有权**申请人民法院对以非法方法收集的证据依法予以排除。申请排除以非法方法收集的证据的，应当提供相关线索或者材料。	…… A party and his defender as well as agent ad litem **is entitled to** apply to a people's court for excluding illegally collected evidence in accordance with the law. Whoever applies for exclusion of illegally collected evidence shall provide relevant clues or material.	243
20	95	犯罪嫌疑人、被告人及其法定代理人、近亲属或者辩护人**有权**申请变更强制措施。人民法院、人民检察院和公安机关收到申请后，应当在三日以内作出决定。不同意变更强制措施的，应当告知申请人，并说明不同意的理由。	A criminal suspect or defendant and his legal representative, near relatives or defender **is entitled to** apply for a change of coercive measures. The people's court, people's procuratorate or public security organ concerned shall make a decision within three days upon receipt of the application, and shall inform the applicant of the reasons if such an application is rejected.	259
21	97	……犯罪嫌疑人、被告人及其法定代理人、近亲属或者辩护人对于人民法院、人民检察院或者公安机关采取强制措施法定期限届满的，**有权**要求解除强制措施。	… The criminal suspect or defendant, and his legal representative, near relatives or defender **is entitled to** request the people's court, people's procuratorate or public security organ to terminate the coercive measures upon expiry of the statutory time limit thereof.	259

续表

序号	条款	中文	英文	页码
22 ~ 23	99	被害人由于被告人的犯罪行为而遭受物质损失的，在刑事诉讼过程中，**有权**提起附带民事诉讼。被害人死亡或者丧失行为能力的，被害人的法定代理人、近亲属**有权**提起附带民事诉讼。………	A victim who suffers from property losses due to the defendant's criminal offenses **is entitled to** bring an incidental civil action during criminal proceedings. Where the victim has died or lost his capacity for civil conduct, his legal representative or near relatives **is entitled to** bring an incidental civil action.　……	259
24	108	被害人对侵犯其人身、财产权利的犯罪事实或者犯罪嫌疑人，**有权**向公安机关、人民检察院或者人民法院报案或者控告。………	……　When his personal or property rights are infringed upon, the victim **shall have the right to** report to a public security organ, a people's procuratorate or a people's court about the facts of the crime or bring a complaint to it against the criminal suspect.　……	263
25 ~26	112	对于自诉案件，被害人**有权**向人民法院直接起诉。被害人死亡或者丧失行为能力的，被害人的法定代理人、近亲属**有权**向人民法院起诉。人民法院应当依法受理。	As to a case of private prosecution, the victim **shall have the right to** bring a suit directly to a people's court. If the victim is dead or has lost his ability of conduct, his legal representatives and near relatives **shall have the right to** bring a suit to a people's court. The people's court shall accept it according to law.	265
27	115	当事人和辩护人、诉讼代理人、利害关系人对于司法机关及其工作人员有下列行为之一的，**有权**向该机关申诉或者控告：……	The party concerned, his defender, the agent ad litem or an interested party **is entitled to** file a petition or complaint to a judicial organ if the judicial organ or its staff members engage in any of the following acts:　……	267
28	129	对于死因不明的尸体，公安机关**有权决**定解剖，并且通知死者家属到场。	If the cause of a death is unclear, a public security organ **shall have the power to** order an autopsy and shall notify the family members of the deceased to be present.	271

续表

序号	条款	中文	英文	页码
29	153	…… 各级公安机关在自己管辖的地区以内，可以直接发布通缉令；超出自己管辖的地区，应当报请**有权**决定的上级机关发布。	Public security organs at any level may directly issue wanted orders within the areas under their jurisdiction; they shall request a higher-level organ **with the proper authority** to issue such orders for areas beyond their jurisdiction.	279
30	185	开庭的时候，审判长查明当事人是否到庭，宣布案由；宣布合议庭的组成人员、书记员、公诉人、辩护人、诉讼代理人、鉴定人和翻译人员的名单；告知当事人**有权**对合议庭组成人员、书记员、公诉人、鉴定人和翻译人员申请回避；告知被告人享有辩护权利。	When a court session opens, the presiding judge shall ascertain if all the parties have appeared in court and announce the subject matter of the case. He shall announce the roll, naming the members of the collegial panel, the court clerk, the public prosecutor, the defender, the agent ad litem, the expert witnesses and the interpreter; he **shall** inform the parties of their **right to** apply for withdrawal of any member of the collegial panel, the court clerk, the public prosecutor, any expert witnesses or the interpreter; and he shall inform the defendant of his right to defence.	289
31	192	法庭审理过程中，当事人和辩护人、诉讼代理人**有权**申请通知新的证人到庭，调取新的物证，申请重新鉴定或者勘验。 ……	During a court hearing, the parties, the defenders and agents ad litem **shall have the right to** request new witnesses to be summoned, new material evidence to be obtained, a new expert evaluation to be made, and another inquest to be held. …	291
32	203	人民检察院发现人民法院审理案件违反法律规定的诉讼程序，**有权**向人民法院提出纠正意见。	If a people's procuratorate discovers that in handling a case a people's court has violated the litigation procedure prescribed by law, it **shall have the power to** suggest to the people's court that it should set it right.	297

续表

序号	条款	中文	英文	页码
33	216	被告人、自诉人和他们的法定代理人，不服地方各级人民法院第一审的判决、裁定，有权用书状或者口头向上一级人民法院上诉。被告人的辩护人和近亲属，经被告人同意，可以提出上诉。 ……	If the defendant, private prosecutor or their legal representatives refuse to accept a judgment or order of first instance made by a local people's court at any level, they **shall have the right to** appeal in writing or orally to the people's court at the next higher level. Defenders or near relatives of the defendant may, with the consent of the defendant, file appeals. …	301
34	218	被害人及其法定代理人不服地方各级人民法院第一审的判决的，自收到判决书后五日以内，有权请求人民检察院提出抗诉。人民检察院自收到被害人及其法定代理人的请求后五日以内，应当作出是否抗诉的决定并且答复请求人。	If the victim or his legal representative refuses to accept a judgment of first instance made by a local people's court at any level, he **shall**, within five days from the date of receiving the written judgment, **have the right to** request the people's procuratorate to present a protest. The people's procuratorate shall, within five days from the date of receiving the request made by the victim or his legal representative, decide whether to present the protest or not and give him a reply.	301

法律英语翻译研究
理论与实践

续表

序号	条款	中文	英文	页码
35 ~ 36	243	…… 最高人民法院对各级人民法院已经发生法律效力的判决和裁定，上级人民法院对下级人民法院已经发生法律效力的判决和裁定，如果发现确有错误，有权提审或者指令下级人民法院再审。最高人民检察院对各级人民法院已经发生法律效力的判决和裁定，上级人民检察院对下级人民法院已经发生法律效力的判决和裁定，如果发现确有错误，有权按照审判监督程序向同级人民法院提出抗诉。 ……	…… If the Supreme People's Court finds some definite error in a legally effective judgment or order of a people's court at any lower level, or if a people's court finds some definite error in a legally effective judgment or order of a people's court at a lower level, it **shall have the power to** bring the case up for trial itself or may direct a people's court at a lower level to conduct a retrial. If the Supreme People's Procuratorate finds some definite error in a legally effective judgment or order of a people's court at any level, or if a people's court's procuratorate finds some definite error in a legally effective judgment or order of a people's court at a lower level, it **shall have the power to** present a protest to the people's court at the same level against the judgment or order in accordance with the procedure for trial supervision.	311
37	281	…… 人民法院受理没收违法所得的申请后，应当发出公告。公告期间为六个月。犯罪嫌疑人、被告人的近亲属和其他利害关系人**有权**申请参加诉讼，也可以委托诉讼代理人参加诉讼。 ……	…… After the people's court accepts an application for confiscation of illegal gains, it shall issue a public notice. The period of public notice shall be six months. The near relatives of the criminal suspect or defendant and other interested parties **shall have right to** apply for participating in the suit or to entrust agents ad litem to participate in the suit.	329
38	288	被强制医疗的人及其近亲属**有权**申请解除强制医疗。	The person who is under compulsory medical treatment and his near relatives **shall have right to** apply for terminating the compulsory medical treatment.	333